Études sur l'Angleterre

1843

LÉON FAUCHER

TABLE DES MATIÈRES

WHITE-CHAPEL

Lorsque, en arrivant du continent par la Tamise, on découvre Londres, au milieu d'une forêt de navires dont les agrès se confondent avec les toits des maisons, et à travers le brouillard de fumée que vomissent incessamment les cheminées des bateaux à vapeur, il semble difficile, au premier aspect, de saisir les grandes lignes de cette perspective sans relief. L'immense métropole est assise sur une plaine légèrement ondulée, et suit la courbe de l'arc formé par le fleuve. Elle en serre de si près les bords, que la marée montante vient baigner le pied de ses édifices, et que l'horizon est intercepté. Les autres capitales, Paris, Rome, Bruxelles, renferment des collines ou des monumens autour desquels se groupent les habitations, et qui dessinent, comme autant de jalons, le plan de la cité. Londres n'a ni éminences naturelles ni points culminans élevés par la main des hommes. Si l'on excepte le dôme de Saint-Paul, isolé parmi ces masses uniformes de briques, rien n'annonce, à une certaine distance, les magnificences qu'une cité de deux millions d'hommes, que la ville la plus riche et la plus gigantesque de l'Europe, que la tête de l'empire britannique doit étaler aux yeux.

A juger par les apparences extérieures, Londres serait l'asile par excellence de la démocratie. Des maisons pareilles, des rues qui n'ont aucun caractère distinctif ; peu ou point de palais ; pas un sommet qui dépasse l'autre ; partout une médiocrité régulière d'architecture que l'on croirait ne pouvoir convenir qu'à une population de Chinois. Joignez à cela que les quartiers de Londres ne paraissent pas être liés entre eux comme les diverses parties d'un tout. Ce sont des villes juxtaposées qui remplissent des destinations différentes, dont aucune n'a les mêmes besoins, et qu'il faut relier entre elles, comme les campagnes, par des bateaux à vapeur omnibus et par des chemins de fer intérieurs, tels que le Blackwall et le Greenwich. On conçoit que, dans l'amertume de sa misantropie républicaine, Cobbet ait comparé cette excroissance du pays à une monstrueuse tumeur.

Mais quand on pénètre dans Londres, en étudiant les principales artères de la circulation, l'on reconnaît bientôt qu'il se fait entre les divers quartiers une véritable division du travail social, et l'ordre se révèle au sein de ce chaos apparent. Voici quelle en est l'économie.

Le mouvement à Londres ne s'opère que dans une seule direction. Rien ou presque rien ne va du nord au midi, ni d'une rive de la Tamise à l'autre rive ; le courant des hommes, des transports et des affaires roule parallèlement au fleuve, et de l'est à l'ouest. On calcule la quantité de mètres cubes qu'une rivière, en passant sous un pont, débite chaque jour à l'étiage ; si l'on pouvait compter le nombre des personnes qui circulent à pied, à cheval ou en voiture, de l'extrémité de Piccadilly à la Banque, en suivant le Strand, Cheapside et Ludgate-hill, on trouverait probablement près de cinquante mille passagers par heure, et plus de cinq cent mille par jour.

En remontant la Tamise, on aperçoit d'abord les docks, les grands magasins et la Tour ; le quartier où viennent s'entasser, et d'où sont expédiés les produits des deux hémisphères ; l'arsenal militaire et les arsenaux du commerce ainsi que de l'industrie. Là, un vaisseau peut, en quelques heures, déposer sa cargaison et recevoir un nouveau chargement. De là sortent des certificats qui représentent la valeur de la marchandise, qui rendent cette valeur disponible, et qui la monnaient, pour ainsi dire, sans nécessiter des déplacemens onéreux. Autour de ces vastes entrepôts vivent les matelots, les manœuvres, les portefaix, les camionneurs, les instrumens du transport. Un peu plus haut est la Cité, le cœur de Londres, le comptoir de l'Angleterre, le centre des affaires et le siège du crédit. C'est là que les négocians se donnent rendez-vous et qu'ils ont sous la main les grandes institutions du pays, la banque, la bourse, la monnaie, la douane, la poste, l'excise, la corporation municipale, les tribunaux et les prisons ; mais ils n'habitent pas ce lieu de passage, et le reflux de chaque soir ramène ceux que le flux du matin avait apportés. Plus loin encore, vous rencontrez les rues ou brillent les magasins de luxe, telles que le Strand Piccadilly, Pall-Mall, Reent's-Street, le quartier des théâtres, des musées, des modes, des hôtelleries, des filles de joie et des filous, terminé par l'espèce d'oasis parlementaire que forment les clubs, le palais à demi construit des chambres, les administrations réunies à White-Hall, et le vieux palais de Saint-James, où ne daigne plus loger la royauté. Enfin, au-delà est la ville aristocratique, le monde par excellence, le seul quartier que l'on puisse habiter, le West-End. Le quartier fashionable était limité, il y a quelques années, au nord par le parc du Régent, à l'ouest par Hyde-Park, et au sud par le parc de Saint-James. Aujourd'hui, il s'accroît chaque année avec une rapidité prodigieuse les marais et les terrains vagues se convertissent en rues et en places publiques ; les plans sont à peine dressés, que les maisons sortent de dessous terre, et les maisons à peine construites trouvent aussitôt des locataires ou des acheteurs. On dirait que les riches s'y multiplient comme ailleurs les pauvres. Si la manufacture que vient d'établir un hardi spéculateur, M. Cubitt, pour fabriquer quatre mille maisons aux abords du pont du Wauxhall, obtient le succès qu'il s'en est promis, le quartier fashionable couvrira bientôt tout l'espace qui s'étend à l'ouest de Londres, entre la Tamise et le canal du Régent, sur une profondeur d'à peu près deux lieues.

Ainsi la ville des docks et des entrepôts, la ville des affaires, la ville des plaisirs et des transactions politiques, la ville du monde fashionable, voilà de quoi se compose cette gigantesque agrégation, ce Mammouth du XIXe siècle. A ses deux extrémités et sur ses flancs, le monstre a de nombreuses dépendances ; il suffit de citer Greenwich, Southwark, Chelsea et les faubourgs du nord-est. Mais toutes ces branches partent du tronc et viennent y puiser la vie. La puissance qui gouverne l'Angleterre réside à un bout de Londres ; les résultats s'accumulent à l'autre bout Le West-End et le East-End, l'empire est là tout entier.

Il faut donc peu s'étonner si dans les améliorations successives qu'a reçues la métropole de la Grande-Bretagne, la meilleure part a été réservée aux deux extrémités. Rien n'égale la magnificence ni la bonne disposition des bassins qui ont été creusés à l'est, le long de la Tamise, pour recevoir les navires de commerce, et pour en laisser ainsi le chenal libre à la navigation. Les docks de Sainte-Catherine, de Londres, des Indes occidentales et de l'Inde orientale, ont coûté plus de 200 millions de francs ; mais ces établissemens procurent au commerce une économie annuelle qui ne saurait être évaluée à moins de 40 ou 50 millions. Les marchandises les plus communes comme les plus précieuses y sont gardées sous clé, à l'abri du gaspillage et de toute détérioration. Quand les magnifiques seigneurs de la Cité ont envie de passer l'inspection de leurs sucres ou de leurs cafés, un chemin de fer suspendu sur arcades les conduit en quelques minutes des environs de la Banque à Blackwall. Pour la communication d'une rive avec l'autre, un pont n'étant pas compatible avec les besoins de la navigation, une compagnie aussi admirable dans sa persévérance que l'ingénieur dans ses conceptions a fait passer sous le lit, de la Tamise un vaste souterrain qui résiste à la pression et au mouvement des eaux.

Mais c'est particulièrement à l'ouest de Londres et dans les quartiers destinés aux habitations des classes supérieures, que le progrès se fait remarquer. Il n'y a pas de ville où l'on ait pris plus de soin de la vie du riche, et où l'on ait donné plus d'attention à ses moindres fantaisies. Les grandes réunions d'hommes engendrent presque toujours des miasmes pestilentiels qui affaiblissent l'organisation et qui en abrègent la durée. Afin de mettre les riches à l'abri de ce danger dans le West-End, on a imaginé de mêler la campagne à Londres, les jardins, les parcs et les champs aux maisons. Quatre parcs immenses, une ligne continue de verdure, d'ombrages et d'eaux vives, forment la base de cette ville privilégiée. C'est là que se fabrique et que se renouvelle l'air respirable qui dispute l'espace aux exhalaisons méphitiques des quartiers plébéiens. Ce sont, comme on l'a si bien dit, les poumons de Londres ; imaginez la végétation de Saint-Cloud et de Neuilly au milieu de Paris.

Autour des parcs sont groupées les maisons, les rues et les places, qui se rapprochent ainsi de l'air pur aussi naturellement, que certaines plantes suivent le soleil. Les rues ont une largeur monumentale et se coupent presque partout à angle droit. Les maisons ont peu d'élévation et n'interceptent ainsi ni les rayons qui réchauffent l'atmosphère, ni les vents qui viennent la rafraîchir ; souvent elles sont séparées du trottoir par des bouquets d'arbres et de fleurs qui en font autant de villas Les places publiques n'offensent pas les yeux comme à Paris par la nudité de leurs dalles brûlantes en été, enfouies dans la boue en hiver. Quelque grand jardin, protégé par une grille en fer, en occupe le centre, et présente un, tapis vert encadré de beaux arbres, où les petits enfans du voisinage s'essaient à marcher. De là viennent sans doute les idées champêtres qui remplissent l'imagination des jeunes filles en Angleterre. Comment ne rêveraient-elles pas des eaux, des prairies ou des bois, ayant, même au sein de Londres, cette bucolique perpétuelle sous les yeux ?

Dans ces demeures, où le luxe consiste, non pas en ameublemens splendides, mais en nombreux domestiques et en dispositions commodes, tout a été calculé pour épargner aux riches de la Grande-Bretagne même le malaise que faisait éprouver au Sybarite une feuille de rose cachée dans les draps de son lit. Ils n'entendent point de bruit, car les voitures glissent légèrement, devant leur porte, sur des chaussées macadamisées. Tout ce qui peut blesser la vue ou l'odorat a été éloigné des rues principales ; les écuries sont placées dans des allées étroites (lanes), derrière les maisons ; et s'il y a des pauvres dans ces quartiers, comme on a honte d'eux et comme on ne veut pas subir leur contact, ils vont se cacher au fond des ruelles intérieures avec les palefreniers et avec les chevaux.

A ne voir que le West-End, Londres est sans contredit la cité la plus belle et la plus salubre du monde. Quand on y entre par Portland-Place, par Oxford-Street ou par Piccadilly, en longeant cette admirable chaussée que bordent d'un côté les prairies de Green-Park et de l'autre Hyde-Park avec ses allées, que traversent à toute heure de splendides équipages et de brillans cavaliers, on se demande si les voies romaines qui partaient de la ville des Césars pour la joindre aux pays conquis, pouvaient avoir plus de grandeur. Sans doute, la qualité de cette grandeur n'est pas la même. A Rome, la voie Appienne était chargée d'arcs de triomphe et comme habitée par les temples élevés aux dieux ; le peuple, en s'enrichissant des dépouilles étrangères, rapportait quelque chose de ses succès et de sa gloire l'intervention divine, et l'art naissait sous l'inspiration du sentiment religieux. En Angleterre, l'homme se prend lui-même pour cause et pour but, et quand il a vaincu ses rivaux ou dompté la matière, il songe plus à jouir du résultat qu'à remercier le ciel. Cette disposition égoïste a produit la science du comfortable, qui n'a rien de commun avec la science du beau ; mais le comfortable atteint presque à la grandeur, lorsqu'il s'administre avec de telles dimensions.

Si l'on veut avoir une idée complète des merveilles que peut enfanter la civilisation moderne envisagée par son côté matériel, il y a deux petits coins de terre qui se recommandent plus particulièrement à l'attention de l'observateur. Je veux parler du boulevart de Gand, vu par une belle soirée de mai, au moment où le gaz éclaire les toilettes dans les allées, et dans les magasins les splendeurs de l'industrie ; lorsque la jeunesse dorée étale ses airs conquérants, et que les équipages de la finance parisienne se dirigent avec fracas vers les deux Opéras. Ou bien encore il faut assister, par une belle après-midi du mois de juin, à l'heure où cessent les affaires dans Londres et avant l'heure aristocratique du dîner, au rendez-vous des promeneurs sur les pelouses de Hyde-Park. Là, pendant que la musique des gardes joue les airs de Rossini ou de Meyerbeer, les dames quittant leurs voitures pour venir s'asseoir sous les arbres, e les cavaliers se rangeant sur plusieurs, lignes devant les barrières, on aperçoit réuni tout ce que l'Angleterre a de plus belles et de plus fières ladies, d'hommes d'état en renom, d'héritiers des grandes maisons, et de chevaux pur sang. Pour qui connaît le peuple anglais, il n'y a pas de spectacle qui soit plus propre à exalter son orgueil national.

Hélas ! cet orgueil souffrirait bien cruellement, si, descendant des hauteurs auxquelles l'élève l'oligarchie britannique, il daignait ramener ses regards au niveau du sol. Londres est en effet la ville des contrastes. À côté d'une opulence qui défie toute comparaison, l'on y découvre la plus affreuse ainsi que la plus abjecte misère, et la même cité qui renferme les maisons modèles, les rues coquettes et les squares verdoyans du West-End, contient aussi dans ses profondeurs des masures à demi ruinées, des rues non pavées, sans éclairage et sans égouts, des places qui n'ont d'issue ni pour l'air ni pour les eaux, enfin des cloaques infects que toute autre population n'habiterait pas, et qui, pour l'honneur de l'humanité, ne se rencontrent pas ailleurs.

J'avais lu le rapport publié en 1842, sur l'état sanitaire des classes laborieuses dans la Grande-Bretagne, par l'intelligent et infatigable secrétaire de la commission des pauvres, M. Chadwick. Ces lamentables récits, dépassant tout ce que la plus sombre imagination pourrait inventer, ne devaient pas être accueillis sans contrôle. Bien qu'ils portent, à chaque ligne, le cachet de la plus parfaite sincérité, il y a des horreurs que l'on se refuse à croire, à moins de les avoir soi-même constatées. J'ai donc voulu voir les mauvais quartiers de Londres. J'ai fait cette reconnaissance au mois de juillet dernier, sous la direction du docteur Southwood-Smith, un de ces hommes rares qui ont la main à la pratique et l'œil à la science, et celui qui fut chargé de vérifier, en 1838, de concert avec le docteur Kay-Shuttleworth, dans quel état de dégradation physique une partie de la population de Londres était tombée. Notre inspection ayant porté principalement sur le district de White-Chapel, le plus négligé peut-être de ceux qu'habitent les parias de la métropole, c'est le tableau que je vais mettre en regard des béatitudes du West-End.

Les trois districts de Spitalfields, de Bethnal-Green et de White-Chapel, situés au nord-est de Londres, forment dans la métropole du royaume-uni une espèce de ville celtique. Près de cent cinquante mille personnes habitent cette colonie, qui s'est accrue par les émigrations successives des ouvriers français, après la révocation de l'édit de Nantes, et des prolétaires irlandais, depuis qu'une famine permanente les chasse tous les ans de leur pays. Puis les juifs, qui recherchent les endroits les plus misérables dans les grandes cités, pour vivre plus librement en vivant inaperçus, sont venus, de tous les points de l'Europe, grossir cette population d'exilés.

Le malheur rapproche communément ceux qui souffrent ; il n'en est pas ainsi dans le East-End. Les descendans des ouvriers français, appartenant à une race plus cultivée, montrent un grand éloignement pour les Irlandais, tribu inculte et adonnée à l'ivrognerie, lesquels, à leur tour, du haut de leur religion, renvoient ce mépris aux enfans d'Israël. Les Français naturalisés, qui ont enseigné à l'Angleterre l'art de tisser la soie, habitent principalement Spitalfields ; ils ont à peu près oublié leur langue originelle, mais leurs noms et leur physionomie parlent pour eux. Ces tisserands composent en quelque sorte l'aristocratie morale du lieu. Leur probité a passé en proverbe, et contraste avantageusement avec la dégradation de leurs voisins immédiats [1][2], bien que la passion des liqueurs spiritueuses ait fait aussi des ravages dans leurs rangs. Ils ont les goûts qui tiennent au développement de l'intelligence, sont grands lecteurs de journaux, cultivent les fleurs, et se réunissent le soir dans des clubs où ils reçoivent des leçons d'arithmétique, de géographie, d'histoire et de dessin. Quand ils commencèrent à peupler Spitalfields, Londres ne s'étant pas encore étendu jusque-là, ils avaient de l'espace autour d'eux et faisaient admirer des Anglais les plates-bandes de tulipes qui croissaient dans leurs jardins. A ces habitudes méditatives ils joignaient alors une ardeur martiale qui se signalait par des révoltes fréquentes, et à laquelle le parlement lui-même fit la concession d'un tarif obligatoire des façons par l'acte de 1773, appelé acte de Spitalfields. Depuis, les jardins ayant disparu sous une masse de briques, et les rues ayant été tracées, mesure que la population débordait, sans aucune des précautions qu'exige l'assainissement des villes, peut-être aussi sous l'influence d'une occupation sédentaire qui se prolonge souvent quinze à seize heures par jour, la vigueur physique de cette race a décliné. « La taille des tisserands, dit l'un d'eux, M. Bresson, dans l'enquête de 1840, est généralement peu élevée et rabougrie. Durant la guerre, on leva une brigade parmi eux ; mais la plupart des soldats avaient moins de cinq pieds. On ne trouverait plus même aujourd'hui, à Spitalfields, de quoi faire de la chair à canon. « La constitution de ces hommes, dit le docteur Mitchell, dégénère ; la race entière descend rapidement à la taille des Lilliputiens. Les vieillards sont d'une plus forte complexion que les jeunes gens. »

Comment les enfans grandiraient-ils ? Dès leur bas age, ils sont courbé sur un métier, lançant la navette treize à quatorze heures par jour ; c'est là le seul exercice que prennent ces malheureux, qui respirent rarement un air libre, et qui ne voient jamais le soleil qu'à travers les fenêtres de leurs tristes réduits. Dans une visite que je fis à Spitalfields en 1836, apercevant une petite fille de onze ans, pâle et mélancolique, qui tissait avec une activité fébrile, je demandai au père : « Combien d'heures travaille cet enfant par jour ? — Douze heures, me répondit-il. — Et vous n'avez pas peur d'excéder ses forces ? -Je la nourris bien. » Quelle autre réponse eût-il faite pour une bête de somme ? Et pourtant, quand on veut avoir un cheval de course, on attend qu'il ait pris sa croissance, avant de le monter.

La population de Bethnal-Green se compose principalement de tisserands irlandais, auxquels se joignent les mendians et les vagabonds de la même nation. Les maisons de ce district sont dans un état de délabrement dont celles de Spitalfields même ne sauraient donner une idée On les construit souvent en planches mal jointes, ce qui leur donne bientôt l'aspect des plus dégoûtantes étables. Lorsque ces masures ont été condamnées, à cause du danger qu'il y aurait à les habiter, et que les locataires les ont désertées, il se trouve toujours, avant qu'on les abatte, quelque famille irlandaise qui, ne pouvant payer le prix d'un loyer, vient, comme les animaux immondes, y chercher un abri. Dans un quartier où les rues, en temps de pluie, forment un marais, la fièvre ne tarde pas à s'exhaler de ces ruines empestées.

Ainsi, la population de Spitalfields et de Bethnal-Green a des habitudes sédentaires, c'est le travail en famille, la moins immorale peut-être, mais aussi la plus misérable des industries La population de White-Chapel est au contraire essentiellement mobile et flottante ; elle se compose en majorité de journaliers, de brocanteurs et de marchands ambulans. Je comparerais ce district à notre quartier Mouffetard, si je croyais que l'on pût, sans faire injure aux plus viles agglomérations d'hommes, assimiler quelque chose à White- Chapel.

White-Chapel confine à la Cité. Ce pâté de rues étroites, d'allées tortueuses et de cours sombres, qui comprend huit mille maisons, a pour limites au nord Spitalfields et Bethnal-Green, dont il se détache, à la hauteur de Wentworth-Street, et, du côté du sud, la Tour de Londres ainsi que les docks. Le chemin de Blackwall le traverse dans toute sa largeur. Du haut des arcades, sur lesquelles la voie de fer est portée, la vue plonge à loisir dans les secrets de cette misère. On aperçoit des femmes hâves qui se montrent à demi nues aux fenêtres, des enfans blêmes qui se vautrent dans la fange des cours avec les porcs, inséparables compagnons des familles irlandaises, des haillons suspendus au-dessus des rues comme pour intercepter la lumière ainsi que, la chaleur, çà et là des tas de briques et d'immondices dans les espaces libres, partout des mares fétides qui attestent l'absence de toute règle pour l'écoulement des eaux. Voilà le spectacle que présente White-Chapel, vu à vol d'oiseau. Que serait-ce si l'on pouvait, par une fantaisie qui n'aurait rien cette fois de diabolique, enlever les toits des maisons et compter les gémissemens qui s'exhalent de là vers le ciel !

Il y a des quartiers dans Londres qui renferment un plus grand nombre de pauvres [3], car White-Chapel, attenant par un bout à la Cité, reçoit les miettes qui tombent du festin commercial ; et comme ce district longe en outre la Tamise, les bras oisifs trouvent assez facilement de l'emploi sur le port. Mais il n'est pas de lieu plus malsain, dans lequel la mortalité fasse plus de victimes, ni où ceux qui survivent soient laissés dans une pire condition. Par un de ces contrastes auxquels l'esprit humain se plaît, les rues de White-Chapel ont reçu les noms les plus rians. Parcourez la carte de Londres ; en mettant le doigt sur ce quartier, vous en trouverez vingt exemples : la rue de la Rose, la rue de la Fleur, du Champ Vert, de la Mode, de la Perle, de l'Agneau, l'allée de l'Ange, la cour du Berger. Ces étiquettes charmantes ont été presque invariablement attachées aux endroits les plus affreux. Dans certains cas, on n'a pas même respecté la gloire. Ainsi, un cloaque infect dans lequel se déchargent les égouts du voisinage à Bethna1-Green, et qui couvre une étendue de trois acres, est appelé l'étang Wellington.

Transportez à White-Chapel une colonie de Hollandais lavant et nettoyant du matin au soir, aussi amoureux de l'ordre et de la propreté que ses étranges habitans le sont du désordre ignoble qui semble être leur élément, et vous n'aurez encore rien fait. De tels foyers d'infection résistent à l'énergie des efforts individuels, et sollicitent l'intervention d'un gouvernement. Tout accuse ici l'incurie de l'administration ; on dirait une de ces villes du moyen-âge, que les magistrats entouraient de murailles pour les protéger contre l'ennemi extérieur, mais qu'ils livraient, faute d'entretien, dans, leur naïve ignorance, à l'action meurtrière des épidémies. Les dernières maisons de la Cité dérobent, en manière de remparts, les rues de White-Chapel ; on n'y pénètre qu'à travers des passages tortueux pratiqués sous des voûtes ou entre les murs humides des cours ; c'est une ville entière exclusivement réservée aux piétons.

Depuis que la fièvre a décimé la population, l'on s'est décidé à construire des égouts dans les rues principales, et quelles rues ! mais l'enlèvement des immondices ne s'opère encore qu'une fois par semaine ; on les entasse pendant sept jours sur la voie publique, qui se couvre ainsi d'un lit permanent de fumier. Suivez ces rues étroites, qui sont les grandes artères de la circulation ; à droite et à gauche, de distance en distance, s'ouvrent des impasses bordées de maisons à travers lesquelles on pénètre dans des cours enfouies entre quatre murailles ; et qui aboutissent à d'autres cours, le tout sans écoulement pour les eaux pluviales et ménagères, sans pavé pour assécher le sol, sans issue pour la circulation de l'air. Dans cet affreux labyrinthe, chaque famille n'a qu'une chambre pour se loger, La chambre non garnie coûte 4 à 5 shellings par semaine (255 à 330 francs par an), et l'empressement est tel pour l'occuper, qu'une famille y entre souvent sans attendre qu'on ait désinfecté le logement des émanations que la mort ou la maladie y a laissées [4].

Quelques mots maintenant sur cette population. L'on sait déjà qu'elle se compose, à peu près par égales portions, de juifs et d'Irlandais. Les juifs sont les maîtres du lieu ; ils en ont pris possession ; ils y ont leurs comptoirs, leurs maisons, leurs cimetières et leurs établissemens de charité. On voit bien que les enfans d'Israël sont là chez eux, car ils ne cherchent pas à se confondre avec la foule des chrétiens, et portent le costume distinctif de leur race, la barbe longue ainsi que le caftan. A Londres, White-Chapel est leur Ghetto.

L'aristocratie juive habite les meilleures rues, où ses maisons tranchent sur le reste par un extérieur décent et qui annonce l'aisance. Les rues étroites, les passages obscurs, sont occupés par la basse classe des juifs et par les Irlandais. Les deux races vivent souvent dans la même masure, mais sans se mêler et sans communiquer entre elles. Du reste, on les distingue sans peine. Les juifs sont plus industrieux ; ils ont de l'ordre, et, se nourrissant mieux, ils résistent avec plus de succès à l'influence des émanations putrides. Leurs chambres sont proprement tenues et ont bon air dans leur simplicité. Leur physionomie intelligente, empreinte d'une singulière vivacité, dispose peu à la confiance ; l'impudence respire dans leurs regards, et l'on s'aperçoit bien vite qu'ils prennent moins de soin de leur ame que de leur corps. Les mœurs anglaises tiennent encore les juifs dans un état voisin de l'ilotisme ; leur infériorité morale s'explique par l'oppression qui pèse sur eux.

Les Irlandais, race naturellement robuste et accoutumée a vivre de peu, dépérissent ou dégénèrent rapidement dans leurs taudis. L'intempérance les emporte, quand la maladie les épargne Pénétrez dans ces horribles demeures, qui ne sont trop souvent meublées que d'un peu de paille ; si le père de famille est au logis, vous ne tarderez pas à entendre le bruit des querelles domestiques qu'engendre la misère combinée avec l'oisiveté. S'il est absent, les femmes se livrent entre elles au plaisir du commérage Les enfans fourmillent, ils encombrent par essaims le chétif espace réservé partout aux passans. Ceux des juifs vont passablement vêtus, et conservent une forme humaine ; les autres, à demi couverts de leurs haillons, étalent des chairs cadavéreuses diaprées de pustules et de plaies. Quel héritage qu'un pareil sang pour les générations à venir ! Voici un exemple de l'état, déplorable dans lequel croupissent les irlandais à White-Chapel. J'emprunte ce récit au rapport de M. Chadwick [5].

« Il y a quelque temps, en faisant une tournée dans la paroisse avec les marguilliers, à l'heure du service, nous entrâmes dans une vieille maison de Rosemary-Lane, que le propriétaire avait abandonnée. L'escalier tombait en ruines, et il était tellement sombre, qu'il nous fallut en plein midi une chandelle pour le gravir. Le premier étage était un réceptacle d'ordures. Dans une chambre, nous trouvâmes deux sales enfans à demi nus ; leur mère était étendue dans un coin sur quelques brins d'une paille souillée, à peine recouverte d'un sac. Il n'y avait d'autre ameublement qu'un fagot de bois, cinq ou six assiettes cassées et une corbeille. Quelques sardines jonchaient le plancher. Cette femme faisait métier de colporter du poisson.

« Il y a dans notre district bien des endroits semblables, tous occupés par des malheureux de la dernière espèce. J'ai souvent dit que, si l'on plaçait des tonneaux vides le long des rues de White-Chapel, en peu de jours chacun de ces tonneaux aurait un locataire, et ceux qui les occuperaient, pour entretenir leur espèce, vivraient comme des oiseaux de proie aux dépens de la société. Que l'on offre de pareilles facilités, et il n'est pas de dégradation à laquelle une partie de l'espèce humaine ne puisse descendre. Refusez toute éducation à ces Diogènes (tub-men), et vous aurez autant de sauvages vivant au sein de la civilisation. Partout où il a des marais et des eaux stagnantes, il se trouve des reptiles pour les habiter, et le seul moyen de s'en délivrer, c'est de dessécher les marais. »

« Toutes les maisons en ruines, tous les bâtimens infects de White-Chapel ne sont pas, comme celui dont parle ici M. Chadwick, abandonnés par leurs propriétaires. Il constate lui-même que cette espèce de propriété est celle qui rapporte le revenu le plus élevé. Les taudis de Rosemary-Lane rendent communément vingt pour cent. Comment les propriétaires s'inquiéteraient-ils, sans y être contraints, de les rendre plus habitables et de les assainir ? Avant l'incendie de 1666, la ville de Londres tout entière était bâtie dans le genre de Rosemary-Lane et de Cartwright-Street ; aussi, tous les douze ans, la peste s'abattait sur cette capitale impure, et enlevait un cinquième ou un quart des habitans. Depuis 1666, les quartiers du West-End sont devenus salubres ; si la réforme sanitaire tarde encore à s'étendre aux mauvais quartiers de l'est, qui pourrait s'empêcher de souhaiter un nouvel incendie ?

Rien ne ressemble moins au mouvement de Londres que celui qui se fait dans les rues de White-Chapel. Dix mille personnes circulent souvent dans le Strand ou dans Piccadilly sans que l'on entende un seul cri ; les hommes passent comme des ombres, les voitures roulent sans confusion et presque sans bruit, les transactions s'opèrent sur des prix cotés à l'avance, on achète et l'on vend sans échanger une parole, les conversations se font à voix basse et par monosyllabes ; dans cette ville lugubre du silence, on ne parle qu'aux yeux. C'est la seule cité en Europe du sein de laquelle aucun murmure de voix ne s'élève, pendant le jour, pour annoncer qu'elle est habitée par des êtres vivans.

A White-Chapel au contraire, sans l'éternel brouillard de ce climat, on pourrait se croire dans quelque ville du midi. Les visages que l'on rencontre n'ont rien d'anglais ; les habitudes sont celles de la rue de Tolède à Naples, du quartier Saint-Jean à Marseille, ou de la rue Mouffetard à Paris. Les Anglais vivent cloîtrés dans leur maison, qui est le château-fort de la vie privée ; mais tout ce peuple de bohémiens vit dans la rue. Des femmes rieuses sont assises sur le pas de leur porte, ou bien elles brodent, les fenêtres ouvertes, pour mieux voir la foule. Les marchands de comestibles étalent leurs fourneaux en plein air. L'odeur des légumes et des poissons que l'on jette dans la poêle à frire remplit les carrefours. Les revendeuses de fruits et les brocanteurs d'habits sollicitent les passans ; Les cris des marchands, le bruit des colloques engagés sur la voie publique ou de fenêtre à fenêtre, les rixes des enfans, les chants qui s'élèvent des cabarets, tout cela compose un ensemble dont la gaieté méridionale étourdit le spectateur, au point de lui faire douter s'il est à deux pas de la Tour et sur la lisière de la Cité.

Pour juger cette population à l'œuvre, il faut aller voir le marché, ou plutôt la foire aux chiffons (rag fair). L'usage existait déjà, et l'endroit était bien connu, il y a cent cinquante ans ; car Daniel de Foë y fait arrêter par la police le héros d'un de ses romans, le colonel Jack. Et en effet, les scènes qui s'y passent semblent appartenir à des temps assez éloignés de notre civilisation Le marché se tient dans un espace ouvert entre des décombres, et auquel deux étroites ruelles donnent accès. Une halle couverte en occupe le centre ; mais la foule qui l'assiége est telle que le plus grand nombre des achats et des ventes s'y font en camp volant. Vers quatre heures de l'après-midi, la foire des chiffons, commence à s'animer. Deux à trois mille juifs couvrent la place, tour à tour acheteurs et vendeurs des mêmes objets. Il faut voir de quel air sérieux et en quels termes pompeux ils vantent la plus misérable marchandise. « Excellent vêtement, et de qualité superfine ! » s'écrie l'un en montrant une redingote usée sur toutes les coutures, et qui a passé du maître au domestique avant de tomber dans le domaine du fripier. « Splendide chapeau, robe délicieuse ! » dit un autre, en étalant quelque soierie fanée qui a servi à trois générations. Pourtant chacun de ces haillons a son prix, toute chose trouve un acheteur, et l'on ne dédaigne pas d'empiler de pareilles marchandises dans les caves des rues voisines, qui sont transformées en magasins. Le marché aux chiffons a ses alternatives de hausse et de baisse, comme la Bourse où se cotent les fonds publics. Là comme ailleurs, le prix dépend de l'abondance ou de la rareté de la marchandise ; et, les pourvoyeurs arrivant de minute en minute, courbés sous leurs énormes besaces, les quantités disponibles, le stock varie à chaque instant. Quant aux tours de passe-passe qui sembleraient à craindre dans une telle réunion, ils sont extrêmement rares ; les juifs qui fréquentent ce marché ne peuvent pas se voler, car ils se connaissent tous.

On comprend maintenant l'existence des juifs à White-Chapel. Ces gens-là vivent des restes de Londres. Ce sont des parasites actifs, et comme les écumeurs du luxe anglais. Leur industrie consiste à approprier à l'usage des dernières classes de la société les objets que l'aristocratie et la valetaille de l'aristocratie ont dédaignés ou mis hors de service. Les Irlandais préfèrent se nourrir des restes des animaux et disputer aux porcs la plus vile espèce de pomme de terre. Cela prouve à la fois plus de paresse et plus de fierté.

Mais quelle que soit la différence de régime, d'énergie morale et de vigueur physique, il faut payer tribut au climat. Le climat, ici, ce sont les vapeurs pestilentielles qui s'échappent de ce cloaque et qui enveloppent ensuite, comme un linceul funèbre, la masse des habitations. L'air qu'on respire à White-Chapel rend les abords de la vie bien difficiles, et, pour ceux qui en jouissent, il en abrége la durée. Il y meurt un enfant sur deux, presque autant qu'à Manchester et à Liverpool. Les chances de vivre, qui sont dans le West-End de vingt six ans pour la classe des artisans et des domestiques, y descendent à vingt-deux ans. La mortalité moyenne de Londres est de 1 habitant sur 40 ; mais tandis qu'elle se réduit, dans les quartiers de l'ouest, à 1 sur 44,60, elle atteint, dans ceux de l'est, la proportion de 1 sur 38,53.

Si l'on veut mesurer avec quelque précision l'influence qu'exercent les circonstances locales sur la durée de la vie humaine, c'est de la mortalité parmi les femmes qu'il faut principalement tenir compte. La femme, ainsi que le fait remarquer M. Chadwick, est tout dans la maison. Comme ses habitudes sont plus régulières et plus sobres, comme elle mène une existence plus sédentaire, rien n'altère pour elle l'action bonne ou mauvaise du climat, et les effets que ce climat produit sur sa constitution peuvent être considérés comme des résultats naturels. Or, il meurt annuellement 1 femme sur 57,05 dans la paroisse de Saint-George, située à l'extrémité du quartier aristocratique, et 1 femme sur 28,15 à White-Chapel. Donc, toutes choses égales, pendant que 1,000 femmes arrivent naturellement au terme de leur vie de chaque côté de Londres, 1,034 sont emportées en outre dans les quartiers les plus malsains de l'est, par des maladies à l'abri desquelles l'ouest se trouve placé.

Quelle est la nature de ces maladies ? Le rapport du docteur Southwood-Smith va nous fournir des chiffres tristement éloquens. De 13,972 cas de fièvre qui se déclarèrent à Londres en 1838, parmi les 77,186 indigens admis aux secours publics, 8,000 cas appartenaient aux paroisses de l'est, et 2,405 à la seule paroisse de White-Chapel. Ce district, qui représentait 7 pour 100 de la population métropolitaine, et qui comptait 9 pour 100 du nombre total des pauvres secourus, avait ainsi un contingent de malades égal 17 pour 100. Il faut ajouter que plus les maladies avaient un caractère grave, et plus la proportion s'augmentait pour White-Chapel. Sur 5,692 cas de typhus, ce district en réunit 1,505 ; soit, 26 1/2 pour 100.

Voilà donc les conséquences de l'état effroyable dans lequel on laisse White-Chapel ; la fièvre y est aujourd'hui endémique, et y met tous les ans la population en coupe réglée. New-York a la fièvre jaune en permanence, le Caire la peste, Rome la malaria, et Londres le typhus. La négligence des hommes devient aussi meurtrière, par ses conséquences, dans la capitale de la Grande-Bretagne, que peuvent l'être sous le tropique l'effluve des eaux et le souffle des vents. « La chambre d'un malade attaqué de la fièvre, dit le docteur Smith, dans un appartement de Londres où l'air frais ne circule pas, est dans des conditions parfaitement semblables à celles d'un marais de l'Ethiopie où pourrissent des amas de sauterelles. Le poison qui s'engendre dans les deux cas est le même, et ne se distingue qu'au degré de puissance qu'il déploie. La nature, avec son soleil brûlant, avec ses vents languissans, avec ses marais putrides, manufacture la peste sur une immense et formidable échelle. La pauvreté, dans sa hutte, couverte de ses haillons, enveloppée de sa fange, s'efforçant d'écarter l'air pur et d'augmenter la chaleur, ne réussit que trop bien à imiter la nature. Le procédé est le même, ainsi que le produit ; il n'y a d'autre différence que la grandeur des résultats. »

On peut considérer White-Chapel, Bethnal-Green, et généralement les mauvais districts de l'est, en empruntant la belle expression du docteur Smith, comme l'atelier où s'élabore la fièvre. De là, elle gagne les quartiers voisins, et, se répandant ensuite jusque dans les larges rues et les rians squares que les riches habitent, elle y fait souvent une funeste moisson. L'intérêt personnel, à défaut de la charité, devaient donc suffire pour disposer les classes qui gouvernent l'Angle terre à supprimer ces foyers d'infection ; mais il paraît que l'épidémie n'a pas frappé encore des coups assez rudes : tant que les pauvres en seront les principales victimes, l'attention des riches aura de la peine à s'éveiller. En attendant, comme les quartiers infectés d'une manière permanente se trouvent en dehors du mouvement général de Londres, on les néglige et on les oublie. Les souffrances de leurs habitans ne sont guère connues que des officiers des paroisses et des médecins qui ont le courage de visiter les malades, souvent au péril de leur vie.

Une seule fois, le parlement a paru s'émouvoir de honte et de pitié à l'aspect de tant de misères. Il a voté près de deux millions de francs, destinés à l'acquisition de terrains vagues situés à l'est de la ville, dont on veut faire un parc à L'usage de ces districts populeux. Voilà sans doute une amélioration importante. Le parc Vittoria doit avoir une étendue d'environ 150 hectares, ou trois fois la surface du dock de Londres, et le dixième de celle que couvrent les, parcs du West-End. Ce sera un lieu de récréation et de repos où les ouvriers pourront se réunir le dimanche, et respirer, au moins une fois par semaine, un air qui n'aura pas été corrompu par l'odeur des ruisseaux. Ils y enverront aussi leurs enfans, qui n'ont aujourd'hui pour tout champ d'exercice que des cours fétides renfermées entre quatre murs, et qui apprendront du moins à connaître les arbres et le soleil. Mais qu'est-ce qu'un jardin, dont les ombrages mettront vingt années à croître, pour dissiper les miasmes qui s'élaborent à toute heure du jour et de la nuit dans cet immense amas de maisons ?

Le docteur Smith propose, dans son rapport, deux expédiens qui auraient certainement pour effet d'assainir le district de White-Chapel. L'un est une mesure de police, et l'autre une question d'argent.

Le docteur Smith demande qu'on ne puisse construire désormais aucune maison sans établir, sur l'emplacement qu'elle devra occuper, des conduits ou embranchemens souterrains qui se lient au système général des égouts. Pour compléter le bienfait de cette prescription, les propriétaires devraient être tenus d'opérer dans les maisons déjà construites les emménagemens nécessaires pour en diminuer l'insalubrité. Il faudrait imposer en outre aux autorités locales l'obligation de faire enlever tous les jours les immondices qui obstruent la voie publique. Enfin tous les bâtimens qui interceptent la circulation de l'air devraient être démolis d'urgence moyennant une indemnité.

La seconde recommandation du docteur Smith n'est, à proprement parler, qu'une apostille ajoutée à la pétition des habitans de Bethnal, qui sont en instance, depuis six années entières, auprès du parlement, pour obtenir que les améliorations projetées dans l'intérieur de Londres s'étendent aux quartiers insalubres de l'est. Ils sollicitent l'ouverture de trois grandes rues, dont les deux premières traverseraient le plus épais de Bethnal-Green et de White-Chapel du midi au nord, en faisant communiquer les abords est et ouest du dock de Londres avec la route de Hackney ; la troisième, prenant ces quartiers en écharpe, lierait la route de White-Chapel aux routes du nord et de l'ouest, à travers la partie septentrionale de la Cité.

Pour avoir les moyens d'exécuter d'aussi vastes projets, il faudrait imposer à tous les habitans de Londres, dans la proportion de leur revenu, une contribution spéciale. Cette taxe serait une mesure d'économie, en même temps qu'un acte de justice et d'humanité. Chaque année, la ville de Londres dépense plus de 10 millions de francs pour l'entretien de ses pauvres, sans parler des souscriptions volontaires dont le produit est consacré à défrayer les hôpitaux. Qui doute que les épidémies meurtrières qui ravagent les quartiers les plus peuplés ne contribuent à augmenter le nombre des nécessiteux, en mettant à la charge des paroisses les familles que le typhus ou tout autre maladie contagieuse a privées de leurs chefs ? Diminuer la mortalité dans Londres, ce serait diminuer la misère. Qui pourrait se plaindre d'avoir ainsi la chance d'amortir, par un sacrifice préventif, une partie de cet affreux budget ?

Les rues du West-End ont généralement trente à quarante pieds de largeur ; les rues de White-Chapel, même quand elles sont disposées pour le passage des voitures, n'en ont pas plus de quinze à dix-huit. Dans le quartier de l'aristocratie, chaque famille habite une maison spacieuse et commode, où l'air et l'eau peuvent circuler à grands flots ; dans les quartiers populeux, chaque famille est réduite à une chambre, qui manque souvent à la fois d'air, de lumière, d'eau et de feu. A l'ouest, tout a été combiné pour prolonger la durée de l'existence ; à l'est, tout concourt à l'abréger, au point que dans la même ville un homme, selon qu'il est riche ou pauvre, et selon qu'il a planté son domicile dans telle ou telle rue, vit le double d'un autre, ou seulement la moitié. Quand les inégalités sociales sont poussées jusqu'à ce mépris de la nature humaine, ne deviennent-elles pas une révolte contre la Providence, un acte insolent d'impiété ?

Je comprends tous les systèmes de gouvernement, j'admets l'extrême concentration de la propriété comme son extrême division, car les institutions des peuples doivent différer autant que leur génie ; mais ce que je ne conçois pas et ce qui ne paraît essentiel à aucun système, c'est un état de choses dans lequel une minorité puisse impunément s'approprier le sol, les habitations et jusqu'à l'air salubre, en reléguant la majorité dans quelque coin de terre, où celle-ci trouve à peine, en entassant les vivants à côté des vivants et les morts sur les morts, les six pieds d'espace qui sont nécessaires pour un lit et pour Un cercueil.

L'aristocratie anglaise a porté bien haut le nom, la puissance et la richesse de la nation. Quelle que fût la source de son droit, l'usurpation ou la confiance du peuple, elle s'est montrée digne de gouverner. Qu'elle reste donc en possession de sa fortune. La propriété foncière lui appartient sans partage ; elle n'a cédé pour un temps le sol nu des villes que pour le recouvrer plus tard chargé de propriétés bâties. Enfin, l'établissement des manufactures, mettant en valeur les terres voisines, a doublé presque partout son revenu. Qu'elle jouisse en paix de ces énormes avantages ; cela se peut encore dans un pays où l'ambition prend rarement la couleur de l'envie. Mais ce n'est pas assez d'avoir fait le pays puissant ; il faut rendre le peuple heureux. Le gouvernement de l'aristocratie est peut-être celui de tous qui s'accommode le moins d'une politique égoïste. Il faut administrer dans l'intérêt des masses pour avoir le droit de les exclure de l'administration. Toute aristocratie est placée dans la société, comme le cœur dans le corps humain, pour y entretenir la circulation du sang et pour y développer la vie. Si elle absorbe la substance sociale, au lieu de la distribuer entre tous les membres, elle devient un objet de scandale et un principe de mort.

A l'heure qu'il est, l'aristocratie anglaise, fatiguée et repue, semble n'avoir plus d'énergie que pour jouir. Son activité s'emploie à convertir l'Angleterre en parcs et en prairies, qu'elle dépeuple d'hommes pour les couvrir de bétail et de gibier. Elle construit des châteaux, ou forme des galeries de tableaux, des bibliothèques, des collections. Elle tourmente ses richesses, selon l'expression du poète latin, jusqu'à ce qu'elle finisse par le suicide ou par l'ennui. Quant aux plébéiens de la Grande-Bretagne, elle en fait deux parts : aux fermiers et aux laboureurs, elle donne, pour les consoler du prolétariat et de la taxe des pauvres, le privilège de vendre leurs grains un peu plus cher, grace à l'exclusion des blés étrangers ; la population urbaine et les ouvriers des manufactures, elle les abandonne à eux-mêmes, comme étant les cliens d'un autre ordre de choses et le produit d'un autre temps.

Sous ce rapport, l'état de Londres exprime au vrai la situation de I Angleterre. Le contraste qui apparaît entre White-Chapel et les Splendeurs du West-End existe partout dans le royaume-uni. Vous le retrouverez à Edimbourg, à Glasgow, à Manchester et à Liverpool. Et ce n'est pas dans les villes seulement que l'on rencontre ces inégalités monstrueuses. Les campagnes offrent aussi l'image de la misère la plus étonnante à côté du luxe le plus florissant. Il n'y a pas de contrée au monde où l'on ait séparé par de plus grandes distances les diverses régions de la société. On peut interdire au peuple la propriété ; on ne peut lui refuser les conditions de la croissance, du mouvement, de la respiration. Traiter les ouvriers des villes plus mal que les détenus sur les pontons ; créer un état social dont le résultat est q&un grand seigneur peut vivre en moyenne jusqu'à cinquante-cinq ans, pendant qu'un ouvrier, dans certaines villes, ne vit pas au-delà de quinze ans ; réserver l'age de la force et celui de la sagesse pour une seule classe d'hommes, en réduire une autre à une perpétuelle enfance, n'est-ce pas détruire les générations dans leur germe et renouveler en quelque sorte, au milieu du XIXe siècle, cet arrêt d'un Pharaon qui condamnait tous les premiers-nés d'un peuple à périr ?

Le recensement de 1841 attribue à Londres une population de 1,870,727 habitans, répandus sur une surface de vingt milles carrés. En dix années, et malgré une mortalité que l'on peut considérer comme élevée, cette population s'est accrue de trois cent mille ames. La fécondité des mariages a plus que comblé les vides faits par les épidémies. Est-ce là un évènement dont on doive se féliciter ou s'enorgueillir ? Ne vaudrait-il pas mieux au contraire que le nombre des habitans demeurent stationnaire, dans une ville où si peu d'enfans atteignent l'âge viril, et où l'énergie vitale s'épuise en moyenne, dans l'homme, après une durée de quinze à vingt années ? Les philosophes du XVIIIe siècle déclamaient contre les grandes villes, dans lesquelles ils voyaient autant de foyers de vice et de corruption. Que dirait Jean-Jacques Rousseau, s'il avait aujourd'hui sous les yeux la capitale de l'Angleterre, et s'il venait à se convaincre que le séjour n'en est pas moins funeste à la vigueur du corps qu'à la pureté des mœurs ? Le système qui préside à l'administration de Londres est à coup sûr l'argument le plus fort que l'on puisse invoquer contre l'existence de ces immenses capitales dans lesquelles un pays entier ne se résume peut-être que pour s'abîmer

NOTES

[1] « Je préférerais la garantie personnelle d'un tisserand à celle d'un tailleur ou d'un cordonnier pour le loyer d'un métier. Le tissage est, en somme, plus favorable à la moralité que beaucoup d'autres occupations, parce que les enfans sont élevés à la maison, sous les yeux de leurs parens. » (Déposition de M. Bresson, enquête sur les tisserands, 1840.)

[2] Children's employment commssion's report.

[3] En 1838. White-Chapel comptait 5,856 pauvres secourus sur 64,141 habitans.

[4] Une maison dans la cour du Berger. « La maison est petite et contient quatre chambres, dont chacune se trouvait louée à une famille. Dans une des chambres, au rez-de-chaussée ; quatre personnes étaient malades de la fièvre, et dans l'autre trois ; au-dessus, trois personnes en souffraient en même temps. Il parait que diverses familles avaient successivement occupé ces chambres, où la fièvre les avait toutes attaquées. Les officiers de la paroisse firent évacuer la maison, et portèrent la question devant les magistrats. Ceux-ci refusèrent d'abord d'intervenir, mais, sur les instances du médecin, ils mandèrent le propriétaire de la maison, et lui adressèrent des remontrances pour avoir permis que ces appartemens fussent occupés par différens locataires avant de les avoir désinfectés et blanchis, disant qu'il commettait une sérieuse infraction aux lois, et l'avertissant que, s'il louait encore la maison sans avoir pris les mesures de salubrité, un officier de police irait en déloger les habitans. Sur ce, le propriétaire, effrayé, promit de faire tout ce que l'on voudrait. Depuis que la maison a été désinfectée, de nouveaux locataires l'habitent, et aucun cas de fièvre ne s'est présenté. » (Rapport du D. S. Smith.)

[5]On Sanitary condition of the labouring classes.

SAINT-GILES

On a vu dans White-Chapel la population qui vit des restes de Londres. Pour compléter la description du genre parasite en Angleterre, il est à propos de faire connaître celle qui exploite les vices et qui rançonne les faiblesses de cette opulente cité. Les vagabonds les prostituées et les malfaiteurs abondent dans toutes les capitales : il semble que la richesse les attire aussi invinciblement que la lumière traîne l'ombre après soi, et les grandes agglomérations d'hommes les abritent comme un mal caché dans leurs profondeur. Partout aussi les classes dangereuses de la société affectionnent certains quartiers qu'elles s'approprient et qu'elles infestent. Communément ces quartiers immondes se trouvent situés dans le voisinage des rues qui étalent la circulation la plus active et le luxe le plus brillant. Ce sont des postes d'observation du haut desquels les vautours de la civilisation guettent leur proie ; ce sont les repaires du pillage et de l'orgie. Il y a là une atmosphère de corruption qui couve, fait éclore et développe le crime, de la même manière que certains insectes se multiplient naturellement au fond d'une humide obscurité.

Qui ne connaît les endroits infectés dans Paris ? Grace au goût prononcé de nos romanciers pour les fortes émotions et pour la peinture des mœurs infimes, qui ne sait en Europe les noms des plus affreuses rues de la Cité, des bouges qui souillent les abords de l'Hôtel-de-Ville et du Palais-Royal ? Et quel est l'étranger qui, jugeant notre société sur cette écume dont on a barbouillé tant de livres, ne pense pas qu'on peut la flétrir à son aise, sans tomber dans la calomnie ? Les romanciers anglais ont plus de patriotisme ou plus de discrétion. Ils laissent enfouis dans les livres bleus, dans les documens parlementaires, des détails qui doivent être réservés aux chastes regards de la science. Charles Dickens a seul jusqu'à présent soulevé un coin du voile, en écrivant Oliver Twist. Encore faut-il dire que le succès de ce livre, dans une société comme celle de la Grande-

LÉON FAUCHER

Bretagne, a tenu peut-être à la sobriété avec laquelle l'auteur avait traité ce triste et inépuisable sujet.

A Londres, le quartier par excellence des gens sans aveu est la paroisse de Saint-Giles, lieu célèbre dans les fastes criminels, qu'habitent concurremment avec les vagabonds irlandais les prostituées de bas étage et les voleurs de profession. Saint-Giles figure un pâté de rues étroites, d'allées sombres et de cours fétides, situé dans l'angle que forment, derrière la cathédrale de Saint-Paul et au cœur de la Cité, les deux grandes voies de Londres, celle qui part de Charing-Cross, et celle qui commence à la pointe de Hyde-Park sous le nom d'Oxford-Street. Cette paroisse, jointe à celles de Saint-George et de Holborn, qui présentent à peu de chose près les mêmes phénomènes sociaux, peut renfermer 75 à 80,000 ames. Elle a pour limites, à l'est, les murs de Newgate et de Old-Bayley, à l'ouest le bureau central de la police établi à Bow-Street, et se trouve ainsi placée, comme par une affinité instinctive, entre la police et la prison. Il en est de même à Paris, où les bandits les plus déterminés les rues tortueuses de la Cité, à quelques pas de la préfecture et des tribunaux, comme s'ils voulaient jeter de plus près à la justice des hommes un insolent défi.

Mais notre Cité peut servir tout au plus de lieu d'asile. Elle est isolée en quelque sorte de Paris par les deux bras du fleuve, et il aller assez loin de là pour rencontrer ces quartiers somptueux où le luxe étale ses tentations. Saint-Giles au contraire est au centre même du mouvement et de la richesse dans Londres. En quelques minutes, les bandes qui sortent de ce repaire peuvent s'abattre à volonté sur Oxford-Street, sur Piccadilly, sur Regent-Street, ou sur le Strand. Deux des théâtres les plus fréquentés, Covent-Garden et Drury-Lane, les marchés de Covent-Garden, de Hungerford et de Smthfield, les principaux lieux de réunion, les bazars, les boutiques, sont à leur portée, et pour ainsi dire sous leur main ; Il y a là un espace de deux à trois mille mètres carrés qui offre la moisson la plus abondante à toute espèce de déprédations.

Saint-Giles a deux sortes d'habitans : une population sédentaire qui se compose de petits marchands, de logeurs, de recéleurs, ainsi que de la classe la plus infime des publicains[2] ou débitans de liqueurs spiritueuses, propriétaires de cafés, entrepreneurs d'amusemens publics, et une population flottante dont les prostituées ainsi que les filous forment le noyau. Celle-ci se propose pour but les jouissances de la vie ; celle-là, le gain. Les voleurs commandent ; le reste rampe et les sert, dans l'espoir d'attirer à soi les profits de leur ignoble industrie. Tout est disposé selon leurs goûts et pour leurs convenances. Il y a des cafés ou ils peuvent, en dépit des règlemens municipaux passer la nuit à jouer, à fumer et à raconter leurs exploits Ailleurs on leur donne des bals, des concerts et des représentations scéniques, auxquels leurs concubines sont admise. Ceux qui préfèrent, après le succès de la journée, se livrer au repos sont reçus dans

24

des chambres communes à raison de trois à quatre pence, quelques-uns de ces repaires renferment jusqu'à cinquante lits. Ceux qui n'ont pas d'argent et qui n'obtiendraient pas aisément crédit couchent sous les portiques des théâtres, dans les marchés, ou dans les bâtimens en construction. D'autres ont un domicile et tiennent un certain état de maison, vivant en grands spéculateurs jusqu'à ce que la chance, comme ils disent, ait tourné contre eux.

Bien que la police soit aujourd'hui mieux faite à Londres qu'elle ne l'était avant : la réforme opérée en 1829 par sir Robert Peel, et étendue à la Cité en 1839 par lord John Russell, il paraît qu'une sorte d'inviolabilité protége encore les bouges les plus infâmes de Saint-Giles, et que les agens de la force publique craignant le nombre et l'union de leurs adversaires, osent rarement y pénétrer. On cite un groupe de masures que les habitués désignent sous le nom de la petite Irlande, et, qui offre un lieu d'asile aussi sûr que l'était l'enceinte du Temple du temps de Jacques Ier.

Au reste, Saint-Giles n'est pas seulement le siége de la truanderie dans la métropole ; c'est encore pour ainsi dire le quartier-général du vol pour le royaume-uni tout entier. Depuis que la police devient plus efficace dans les villes principales, les malfaiteurs se rabattent sur les campagnes et sur les petites cités. Tous les documens que l'administration a recueillis [1] s'accordent sur ce point, que les vols avec effraction et généralement les crimes les plus hardis sont l'œuvre des bandits qui résident à Londres à Birmingham ou à Liverpool. Ceux-ci conçoivent un vol comme une opération de commerce ; ils se jettent dans un bateau à vapeur ou montent dans un train de chemin de fer, exécutent leurs plans à point nommé, et rentrent ensuite paisiblement dans leurs foyers, le plus souvent sans laisser de traces qui révèlent les auteurs de l'expédition

Tous les gens sans aveu qui peuplent Londres n'ont pas sans doute élu domicile dans les environs de Drury-Lane et de Covent-Garden : le nombre en est trop grand et la ville trop étendue, pour que cette fange n'ait pas laissé ailleurs des dépôts ; mais on peut considérer Saint-Giles comme le type des réunions d'hommes qui se mettent en guerre, par un côté ou par un autre, avec les mœurs et avec les lois. Quels sont les effets de cette lutte sur l'économie de la société ? Londres a-t-il mieux résisté que les autres capitales de l'Europe aux élémens de dissolution que toute métropole renferme ? Cette partie de l'état moral d'un peuple que l'on induit des chiffres officiels de la misère et du crime, place-t-elle nos voisins au-dessus ou au-dessous de notre niveau ? Voilà que je me suis proposé de rechercher

Commençons par la misère, qui explique le reste. Il y a quelques années encore, Londres était beaucoup moins chargé de pauvres que le reste du royaume. On y rencontrait peu de mendians dans les rues, et les maisons de charité. (work-houses), ces invalides des travailleurs ; n'étaient pas remplies. La capitale de l'Angleterre, ville de commerce et d'entrepôt, marché ouvert au monde entier et rendez-vous de l'aristocratie la plus opulente, ne renfermait pas alors cette masse flottante d'ouvriers qu'un ralentissement dans la production peut affamer et jeter par milliers sur le pavé. Elle ne participait ni à la détresse invétérée des classes agricoles, ni aux brusques variations de l'existence dans les districts manufacturiers. On citait comme un phénomène purement local les souffrances des tisserands de Spitafields et de Bethnal-Green, et c'était dans ces quartiers d'exception que la pauvreté métropolitaine se concentrait.

La métropole britannique descend rapidement de ce piédestal où la fortune l'avait placée. Une succession d'années calamiteuses a porté la gêne dans les familles ; le commerce a vu se fermer une partie de ses débouchés, et les ouvriers, qu'il a cessé d'employer ou qu'il emploie plus rarement, tombent à la charge des paroisses. A mesure que le mouvement commercial diminuait, cette population dont le flot monte toujours, cherchant à se créer de nouvelles ressources, Londres est devenue insensiblement une ville de fabrique comme Paris ; ce qui l'a exposée aux mêmes vicissitudes que Birmingham, Manchester et Glasgow. Ajoutons que les faubourgs de Londres, à force de s'étendre, ont fini par rencontrer et par renfermer dans leur enceinte une race à moitié urbaine, à moitié agricole, dont les moyens d'existence sont, problématiques, et qui donne souvent un pauvre par quatre habitans.

En ce moment, les maisons de charité de la capitale ne renferment pas moins, de trente mille pauvres, qui sont presque exclusivement des vieillards et des enfans. Plus de cent mille indigens sont en outre secourus à domicile. Les sommes dépensées annuellement par les paroisses ne vont pas à moins de 10 à 12 millions de francs. Dans la partie de Londres qui dépend du comté de Middlesex, le nombre des indigens soulagés par la charité publique, qui n'était que de 49,814 en 1840, s'est élevé à 73,815 en 1841. De 1841 à 1842, le paupérisme a fait des progrès encore plus alarmans ; dans la seule paroisse de Mary-le-Bone, ce riant quartier qui forme les avenues du Parc du Régent, le nombre des mendians s'est accru de 2,621 à 5,396. Tout récemment les gardiens de la paroisse ont offert deux guinées par tête pour la capture de 17 pères de famille qui avaient abandonné leurs femmes et leurs enfans, délit prévu par les lois. L'union de la Cité a vu la taxe des pauvres augmenter de 15 pour 100 en trois années, et a dépensé près de 1,500,000 francs en 1842 pour l'entretien de 6,125 indigens. Enfin, tandis que le nombre des pauvres secourus en Angleterre, qui était, par rapport à la population, de 8 6/10 sur 100 en 1840, s'est élevé à 9 4/10 sur 100 en 1841, la proportion, qui n'était que de 7 1/6 sur 100 à Londres, est montée l'année suivante à près de 11 sur 100. A paris, le rapport moyen du nombre des pauvres à la population est celui de 8 à 100. En faisant un compte sépare de la dépense des hôpitaux, on consacre à peine dans cette capitale 3 à 4 millions de francs au service des secours publics.

Voilà pour le budget de la charité régulière à Londres. Mais ce n'est pas de ce côté que se montrent les symptômes les plus menaçans. Quels que soient les progrès de la misère locale, comme une population ne passe pas en un jour de l'aisance à la pauvreté, on peut encore les prévoir et y faire face. Ce que l'on prévoit difficilement, c'est la misère qui déborde d'un lieu, sur un autre, lorsqu'une communauté urbaine ou rurale, se trouvant dans l'impuissance absolue de porter le fardeau que la Providence lui avait assigné, en laisse retomber une partie sur les épaules de ses voisins. Voilà ce qui arrive à Londres aujourd'hui. Une armée de misérables à demi nus chassés par la faim des districts agricoles, du Lancashire, de l'Écosse et de l'Irlande, envahit les rues de la métropole. On peut suivre dans les registres d'une seule union, celle de la Cité, la marche de cette inondation ; En 1838, le nombre des pauvres forains (casual paupers) qui avaient accidentellement demandé du secours se bornait à 356 ; en 1839, il était de 2,403 ; en 1840, de 11,203 ; en 1841, de 26,703, et en 1842, de 45,000 ; on en comptera bien davantage en 1843.

Une lettre écrite par M. Thwaites, administrateur des secours (relieving officer) dans la Cité, présente des détails pleins d'un touchant intérêt sur les causes du vagabondage épidémique qui désole Londres. « Le vagabondage, dit ce magistrat, s'accroît d'une manière alarmante dans la métropole ; cela tient en partie à la détresse des districts manufacturiers, et en partie à la cessation, dans les districts agricoles, des travaux de chemins de fer.

« Les laboureurs sont dans l'usage de quitter leurs foyers pour aller chercher du travail, particulièrement dans l'intervalle d'une moisson à l'autre. Pendant que les chemins de fer étaient en cours d'exécution, la facilité avec laquelle les bras trouvaient de l'emploi déterminait des milliers d'entre eux à émigrer ainsi. Ils recevaient un salaire élevé, faisaient un travail pénible, vivaient bien et ne murmuraient pas ; quand une ligne de fer était terminée, ils passaient à une autre, mais cette ressource n'existe plus aujourd'hui pour eux.

« Les ouvriers quittent les districts manufacturiers avec leurs familles, lorsqu'ils sont mariés, et en plus grand nombre que jamais depuis la crise qui frappe l'industrie. Ils vont de ville en ville, n'obtiennent du travail dans aucune, et, de même que les terrassiers, finissent par se diriger vers la capitale, pensant y trouver plus sûrement de l'emploi ; mais là aussi le même désappointement les attend : le marché du travail est surchargé.

« Ces deux grandes classes de travailleurs n'ont généralement que des motifs très avouables pour quitter leurs foyers ; mais lorsqu'une fois elles ont pris l'habitude d'une existence ambulante, elles ne peuvent plus se fixer. Un ouvrier qui a rôdé long-temps en quête de travail est perdu pour l'industrie.

« Un grand nombre de jeunes filles, qui viennent principalement des districts manufacturiers, quittent leurs familles par goût pour le changement, parce qu'elles manquent de travail, qu'elles sont maltraitées, ou qu'elles ont été attirées par les pourvoyeurs de la prostitution. L'avenir de ces malheureuses est à jamais ruiné, quand elles n'ont pas le bonheur d'être réclamées et renvoyées à leurs parens.

« Il est une quatrième classe, la plus nombreuse peut-être et qui s'accroît continuellement aux dépens des trois autres ; je veux parler du vagabond de profession (tramper), qui ne se livre pas un seul jour à un travail régulier, qui vit en trompant, en mendiant et en volant. Tous ces misérables, aussi long-temps que la maigreur de leur bourse le permet, passent la nuit dans ces garnis infimes que l'on trouve partout en Angleterre, et où l'encombrement est tel, la propreté tellement inconnue, que la vermine et les maladies cutanées finissent par les ronger. »

Voilà dans quel état tant de malheureux arrivent à Londres. On vient de voir qu'ils n'y trouvent ni emploi ni moyens de subsistance. Quel accueil cependant leur fait la charité publique, dans la personne de ses représentans officiels ? Écoutons encore M. Thwaites :

« Le système généralement adopté par les unions (paroisses vnies) de la métropole consiste à donner, aux pauvres qui se présentent accidentellement, du pain, de l'eau et le logement pour une seule nuit ; ou bien l'on oblige les hommes à casser des pierres et les femmes à éplucher des étoupes (picking oakum) pour un salaire tellement minime, qu'une journée du travail le plus rude rapporte à peine à une famille entière la chétive pitance de quelques sous. Le nombre des unions qui rayonnent à une distance de dix milles de Saint-Paul n'est pas moindre de trente, qui sont tenues, selon l'interprétation donnée aujourd'hui à la loi des pauvres, d'assister toute personne qui demande des secours, et cela sans enquête préalable cette méthode aggrave le mal et encourage les vagabonds à aller d'une union à l'autre jusqu'à ce que, ayant complété le circuit de la métropole et des faubourgs, et étant tombés dans une misère égale à leur dégradation, ils se rejettent sur la Cité, où ils savent qu'on les traitera avec humanité, et que, s'ils sont malades, on les enverra à l'hôpital. La Cité devient ainsi l'asile de tous les vagabonds de l'Angleterre.

Les magistrats les envoient encore par centaines en prison, pour avoir mendié ou pour avoir cassé des réverbères et des carreaux de vitres. Là, ils ont un travail moins rude et un régime plus substantiel que dans la plupart des maisons de charité ; mais, à leur sortie, n'ayant ni asile ni papiers, que vont-ils devenir ? Ils sont prêts à retomber dans les mêmes délits ; ils vont de la prison à la maison de charité, et de la maison de charité à la prison, jusqu'à ce que la maladie et la mort mettent un terme à leurs souffrances. C'est le sort du plus grand nombre, sinon de tous. Qui se souvient d'avoir jamais vu dans les rues de Londres autant de malheureux à demi nus ? »

Il arrive souvent que ces pauvres gens n'ont pas même l'alternative dont parle M. Thwaites, et qu'ils sont réduits de prime-abord à partager le pain des criminels. Le quartier que l'on destine, dans chaque maison de charité, à recevoir les indigens forains se trouvent presque toujours rempli de bonne heure, les derniers venus n'ont pas d'autre ressource que celle de frapper à la porte de la prison. Que deviennent ceux qui, par respect pour eux-mêmes, ne peuvent pas se résoudre à prendre ce parti désespéré ? C'est ce que l'on verra dans le récit suivant, emprunté à l'Examiner du 14 octobre 1843.

« Les gardiens du parc et les agens de la police ont conduit, ces jours derniers, au bureau de Marlborough-Street, plusieurs jeunes filles qu'ils avaient trouvées endormies sous les arbres de Hyde-Park et dans les jardins de Kensington. Ces malheureuses étaient toutes, sans exception, dans la plus effroyable misère, et tellement infectées dune maladie honteuse, que le magistrat qui siégeait crut faire acte d'humanité en les envoyant en prison, où elles auraient un asile et ou elles recevraient l'assistance des hommes de l'art. Il parait, d'après la déclaration des gardes, que cinquante personnes environ des deux sexes et de tout âge n'ont pas, depuis plusieurs mois, d'autre abri pendant la nuit que celui que leur offrent les arbres du Parc et les trous pratiqués dans les talus. La plupart sont des jeunes filles de quatorze à dix-sept ans, que des soldats ont amenées de la province, qu'ils ont débauchées et qu'ils ont ensuite abandonnées à leur horrible destin. Ces infortunées créatures se voient ainsi, dès leur première jeunesse rejetées complètement hors de la société, et vivent pêle-mêle la nuit au milieu des parcs, où elles pourrissent littéralement dans le besoin, dans la fange et dans la maladie.

Quel trait ajouter à cette affreuse peinture ? A Londres, au milieu des quartiers les plus opulens, sous les fenêtres du duc de Wellington, et à quelques pas du palais qu'habite la reine, les sujets de Victoria viennent par bandes, et comme des parias chassés de leur caste se coucher, par une nuit d'octobre, sur la terre humide, sans autre abri que les arbres du parc ! La police de la métropole, cette police modèle, si attentive à protéger le gentleman qui marche bien vêtu, sa maison et s famille, ne s'aperçoit qu'au bout de quelques mois qu'il y a dans quelque trou de Hyde-Park des malheureux qui meurent de faim et de froid ! Puis, quand on les amène devant le magistrat, il se trouve que cette civilisation si complète, si puissante et si riche n'a pas d'autre moyen de leur témoigner son humanité que de les mettre au régime des malfaiteurs, un régime que les pauvres envient !

Dans les grandes villes de l'Écosse, on n'a pas à rougir de pareilles scènes ; à Édimbourg, à Glasgow, la charité privée corrige sur ce point l'imprévoyance de la loi. Par les soins d'une association qui se compose principalement de commerçants, un asile s'ouvre chaque soir pour abriter les malheureux qui sont hors d'état de payer les 3 ou 4 pence qu'il en coûte par nuit pour coucher dans quelque maison garnie, sur un grabat. On interroge les arrivans, afin de connaître leur profession et leurs moyens d'existence, et, pourvu qu'ils ne soient pas en état d'ivresse, on les admet. Avant l'heure du repos, ils reçoivent un morceau de pain et un plat de gruau (porridge). A onze heures, les portes de la maison étant fermées, la prière se fait en commun ; puis les hommes vont dans un appartement, et les femmes dans un autre, dormir enveloppés dans une couverture sur le lit de camp. Le lendemain, on leur donne en les congédiant un morceau de pain ; quelquefois la société s'emploie pour obtenir le passage gratuit sur un bateau à vapeur à ceux qui veulent rentrer dans leurs foyers. Rarement les mêmes personnes sont hébergées pendant plus de deux jours ; on craindrait d'offrir une prime à l'oisiveté. Les deux asiles d'Édimbourg ont secouru plus de vingt mille personnes en 1841 ; vingt-cinq mille personnes ont été admises dans celui de Glasgow.

L'utilité d'une ou de plusieurs institutions semblables se fait particulièrement sentir dans des capitales aussi vastes et aussi peuplées que Londres et Paris. Combien de malheureux ne sauverait-on pas du désespoir ou de la corruption en ouvrant un lieu public où les gens qui seraient sans asile auraient la certitude de trouver, ne fût-ce qu'une fois dans l'année, un abri et du pain ! Pour le moment, les habitans de Londres semblent vouloir prendre les devans sur ceux de Paris. Le Times a fait tant de bruit des scènes de Hyde-Park que l'opinion publique s'est émue à la fois de honte et de compassion. Un comité se forme pour établir un asile de nuit dans les quartiers de l'ouest ; mais il en faudrait encore un au nord, un au centre, un à l'est et un au sud de l'autre côté de la Tamise, pour répondre aux nécessités qui viennent de se révéler.

Les commissaires qui président en Angleterre à l'administration des secours publics (poor law commissionners) reconnaissent, dans leur dernier rapport [2], que la loi n'est pas ce qu'elle devrait être, et qu'elle ne donne ni le moyen devenir suffisamment en aide aux infortunes accidentelles, ni celui d'atteindre les imposteurs qui exploitent les sentimens bienfaisans du pays. En effet, c'est peu d'accueillir pour une nuit dans la maison de charité les indigens ou les vagabonds qui se rendent à Londres de toutes les parties de l'Angleterre, et pour avoir le droit de leur refuser un asile permanent, il faudrait les aider à regagner leur contrée natale et à retrouver la chance de vivre en travaillant. On a déjà réformé la loi des pauvres dans l'intérêt des contribuables, à qui l'on a fait ainsi remise d'une partie de l'impôt qu'ils acquittaient ; il reste à porter maintenant la prévoyance sociale de l'autre côté, et à laisser tomber les miettes de la table du riche sur Lazare affamé.

La législation anglaise punit avec une grande sévérité la mendicité ainsi que le vagabondage. « Toute personne, dit l'acte de la cinquième année de George IV, qui vague dehors ou qui se tient dans les rues, sur les places publiques, sur les grands chemins, dans les passages, ou dans les cours, pour demander ou pour recevoir l'aumône, peut être, sur la déposition d'un seul témoin, condamnée au travail forcé dans une maison de correction, pour un temps qui n'excédera pas un mois. » On reconnaît bien là l'horreur qu'éprouve une société riche et policée pour le spectacle de la misère ; mais réprimer la mendicité comme délit, et ne pas la laisser en même temps sans excuse en rendant la charité publique accessible à tous les indigens, quelle, inconséquence ! disons mieux, quelle injustice de la part du législateur !

Il n'y a que deux systèmes possibles en cette matière : ou l'état reste indifférent à la misère des individus, et il doit alors s'abstenir de tout contrôle sur la mesure dans laquelle la charité privée s'exerce ainsi que sur les procédés auxquels on a recours pour la solliciter ; ou bien il prétend réprimer comme un délit le seul fait de demander et de recevoir l'aumône, et dans ce cas c'est un devoir pour lui de veiller à ce qu'aucune souffrance ne se manifeste sans être aussitôt soulagée. Les gouvernemens qui se considèrent comme représentant la Providence sur la terre, entreprennent une tâche laborieuse, et dont il leur importe de calculer toutes les obligations. La pauvreté, dans notre état social, est un accident qui tient soit à la force des circonstances, soit à l'imprévoyance des hommes. Quand on veut réparer les malheurs qui proviennent de l'une et l'autre cause, on ne se propose rien moins que de prévoir pour tout le monde, et de gouverner les évènemens.

De la mendicité passons à la prostitution ; les deux plaies se touchent. Le nombre des femmes qui se prostituent à Londres a été l'objet de divers calculs. Au commencement du XIXe siècle, un magistrat de police, Colqu'houn, l'évaluait à 50,000 ; on le trouve estimé à 80,000 dans quelques ouvrages récens. L'auteur d'un rapport officiel, M. Chadwick, réduit ce nombre à 7,000 dans le rayon auquel s'étend l'action de la police métropolitaine, ce qui supposerait, en y joignant celles qui fréquentent la Cité, un total d'environ 10,000 prostituées pour une population qui dépasse un million et demi d'habitans. Il paraît difficile de concilier l'estimation de M. Chadwick avec les documens qu'il produit lui-même. En effet, il compte dans le ressort de la police métropolitaine, et sur les indications fournies par les agens, 3,335 maisons qui reçoivent des femmes de mauvaise vie. En adoptant la proportion de quatre femmes par maison, qu'il propose ailleurs, on trouverait 13,340 prostituées, et à peu près 16,000 en y comprenant la Cité. Dans un ouvrage exempt de passion [3], le docteur Wardlaw en admet 16,675 pour le seul comté de Middlesex.

Il faut avoir parcouru le soir les rues de Londres pour se faire une idée de la multitude vraiment incroyable des femmes et surtout de jeunes filles qui sollicitent les passans. Dans certains quartiers les maisons de prostitution se touchent. A Saint-Giles, sur un espace de 700 yards (environ 700 mètres) de circonférence qu'on nomme le repaire (rookery), on compte 24 maisons suspectes, et dans chacune 10 prostituées ; et combien de quartiers dans Londres ressemblent à celui-là !

Outre les prostituées qui fréquentent ou qui habitent les maisons suspectes, et qui avouent publiquement leur profession, il y a la prostitution clandestine, qui descend depuis la courtisane et la femme entretenue jusqu'aux malheureuses qui infestent les abords des casernes (barracks), des vaisseaux et des prisons. Tout calcul serait ici problématique ; mais les données qui précèdent suffisent assurément pour démontrer que Londres ne peut revendiquer à cet égard aucune supériorité morale sur les grandes villes du continent, et sur Paris en particulier. On sait que Paris n'a jamais renfermé plus de 4,000 prostituées inscrites, et que le nombre de ces malheureuses est loin d'augmenter dans la capitale de la France avec la population.

En dressant ce triste catalogue, il n'entre pas dans ma pensée de rétorquer coutre l'état moral de l'Angleterre les accusations que l'on a tant prodiguées à la France. Le nombre des prostituées ne porte pas nécessairement témoignage de l'immoralité d'un peuple. Les contrées méridionales de l'Europe qui n'ont pas ou qui ont peu de prostituées, sont précisément celles qui se distinguent par le relâchement des mœurs. L'étendue de la prostitution se mesure à la grandeur du luxe et à la profondeur de la misère ; l'une fournit les appétits auxquels l'autre est livrée par ses besoins. La même cause qui pousse les hommes au crime jette les femmes dans le vice ; vol ou prostitution, chaque sexe pille la société avec les armes que la nature lui a départies.

Toutes choses égales, la prostitution doit être plus commune à Londres qu'ailleurs, parce que les ressources du travail pour les jeunes filles y sont plus limitées. En Angleterre, les hommes font une partie de la besogne qui devrait revenir aux femmes ; ils président aux ouvrages d'aiguille et tiennent les comptoirs dans les magasins ainsi que dans les établissemens publics. En France, les femmes s'emparent d une partie des travaux qui devraient revenir aux hommes ; elles portent des fardeaux, font le commerce, sont commis, teneurs de livres et compositeurs d'imprimerie : Les ouvrages d'aiguille sont si peu rétribués à Londres, que les jeunes personnes qui s'y livrent ont de la peine à gagner 4 sh. (5 francs) par semaine, en travaillant dix-huit heures par jour. On ne saurait rien imaginer de plus affreux que l'existence de ces pauvres filles. Il faut qu'elles se lèvent dès quatre ou cinq heures du matin, dans toutes les saisons pour aller recevoir les commandes des mains des marchands ; elles travaillent ensuite jusque vers minuit dans des chambres étroites où elles sont réunies par cinq ou six. Cette vie sédentaire et cette application constante les vieillissent avant l'âge, quand la phtisie les épargne. Doit-on s'étonner si quelques-unes, effrayées ou rebutées en trouvant le chemin de la vertu aussi rude, tendent les bras à la prostitution ?

Les habitudes des prostituées à Londres ont certainement gagné en décence depuis trente ans. Elles sont particulièrement moins brutales, et les passans, pour se délivrer de leurs avances, ont plus rarement à invoquer la vigueur de leurs poings. On voit que l'autorité réprime aujourd'hui des excès qu'elle tolérait autrefois. Avant l'établissement de la nouvelle police, les prostituées avaient le haut du pavé, et rendaient les rues de la métropole impraticables dès la chute du jour. En 1814, deux mille propriétaires de maisons dans la Cité, voulant mettre un terme à cette usurpation de la voie publique, adressaient au lord-maire une pétition curieuse dont le texte se retrouve parmi les documens annexés à l'enquête de 1816.

« Les principales rues de cette Cité, disaient les pétitionnaires, sont chaque soir encombrées de femmes de mauvaise vie, qui, par leurs rixes continuelles et par leur conduite obscène, fatiguent et alarment les honnêtes gens.

« L'audace avec laquelle ces femmes accostent les passans, les horribles imprécations et les paroles obscènes qu'elles ont sans cesse à la bouche, voilà ce que, en notre qualité de pères de famille et de maîtres de maisons, nous considérons comme un intolérable abus. Aucune femme honnête, malgré la protection dont on l'environne, ne peut traverser les rues dans la soirée sans être témoin de ce dégoûtant spectacle, et toute la vigilance dont nous pouvons user ne met pas nos fils ni nos domestiques à l'abri de sollicitations qui viennent les chercher jusqu'à notre porte. En se familiarisant avec la vue de femmes qui mettent toute sorte d'artifices en jeu pour séduire la jeunesse, on sent diminuer le dégoût qu'elles inspirent, et ce relâchement dans la surveillance est suivi des plus fâcheuses conséquences pour la santé, pour la réputation et pour la moralité de la génération qui est notre espoir.

« Les relations intimes que ces femmes dépravées forment d'une part avec les garçons de boutique et avec les apprentis, de l'autre avec les voleurs, les filous et les recéleurs, facilitent leurs déprédations. Elles constituent aussi une classe nombreuse de coupeuses de bourses (pick-pockets), et commettent une infinité de petits délits. »

La supplique des habitans de la Cité a été entendue, bien qu'un peu tard. L'acte de 1829 défend à toute prostituée ou rôdeuse de nuit (night-walker) de se placer sur la voie publique pour solliciter les passans ; en cas de contravention, la peine portée est une amende de 40 shillings, ou à défaut un mois de prison. Cependant la police ne met pas une grande rigueur dans l'exécution de la loi ; pourvu que les prostituées ne se rendent pas trop importunes et ne soient pas trop bruyantes, on les laisse circuler librement. Du reste, on n'exerce sur elles aucune espèce de surveillance. La pudeur anglaise s'oppose invinciblement à un contrôle sanitaire du genre de celui qui est en usage à Paris, où il a contribué à diminuer, depuis plusieurs années, les ravages d'un mal sans nom. Un système de laisser-faire absolu prévaut en cette matière ; il n'y a pas d'autre digue que la prudence individuelle pour arrêter l'effroyable contagion.

J'avoue que le système français me paraît préférable. S'il y a le moindre espoir d'arracher à la prostitution quelques-unes de ses victimes, les soins donnés à leur santé y serviront autant que les enseignemens moraux. Il est bon encore que ces infortunées créatures ne puissent pas, quand elles le voudraient, se séparer entièrement de la société, et que, les liens de la famille se rompant, la tutelle de l'administration les suive au fond de leurs égaremens. Un gouvernement ne devient pas responsable de ces désordres par cela seul qu'il s'efforce, en les régularisant, d'en limiter l'étendue. Partout au contraire où la prostitution demeure livrée à elle-même, elle devient bientôt comme la pépinière de toute espèce de délits.

A Paris, malgré la sévérité des règlemens, le pouvoir discrétionnaire du préfet de police n'atteint pas plus de 5 à 6,000 filles publiques par année [4]. A Londres, sans y comprendre la Cité, qui a sa police distincte, 12,104 femmes ont été arrêtées soit comme prostituées, soit comme excitant quelque tapage (disorderly characters), soit comme suspectes (suspicious characters), soit en état d'ivresse dans les rues. Le mouvement des arrestations, qui avait été en décroissant à partir de 1831, éprouve une recrudescence très marquée depuis deux ans.

Je ne veux pas établir de comparaison entre la situation des proses à Londres et les conditions de leur existence à Paris : les termes et peut-être aussi le courage me manqueraient pour de tels rapprochemens ; mais, en se référant aux ouvrages et aux documens qui ont été publiés sur cette grave question, je crois que l'on est en droit de conclure que la prostitution en Angleterre présente généralement un caractère plus repoussant, qu'elle commence dans âge plus tendre, et qu'elle a des relations plus étroites avec les crimes ainsi qu'avec les délits.

Parent-Duchâtelet, dans ses consciencieuses recherches, a constaté que, sur 3,248 filles publiques inscrites, 196 étaient âgées de dix à seize ans à l'époque de leur inscription. C'est la proportion déjà très remarquable de 6 sur 100. A Londres et dans la Grande-Bretagne, cette précocité du vice existe et se propage sur une bien plus grande échelle. Voici ce qu'on lit dans l'adresse publiée par la société qui a pour objet de protéger les jeunes filles et de les arracher à la prostitution : « Dans les trois hôpitaux les plus considérables de Londres, et en huit années, il ne s'est pas présenté moins de 2,700 enfans de onze à seize ans infectés d'une maladie honteuse. » Deux mille sept cents enfans visités par cette horrible peste avant l'age de la puberté ! Le vice et la maladie venant gangréner tant d'existences, avant que la raison ait pu se développer dans la pensée et la vigueur dans le corps ! Quel spectacle que celui-là pour un peuple qui a des entrailles ! et comment éprouver assez de pitié pour les victimes, assez d'indignation pour les bourreaux ?

On n'a pas oublié un procès qui déroulait, il y a quelques mois à peine, devant le tribunal correctionnel de Paris, des scènes jusque-là sans exemple en France. Une mère, spéculant sur les agrémens de sa fille, l'avait livrée à la prostitution dès l'age de douze ans ; et comme l'enfant résistait, avertie par un dégoût qui n'était que l'instinct du devoir, l'abominable mégère lui avait cassé deux dents. L'histoire de la femme Éon est une histoire assez commune de l'autre côté du détroit. Écoutons le témoignage d'un missionnaire expérimenté, M. Logan : « Dans un de nos hôpitaux, je rencontrai cinq jeunes filles qui souffraient d'un mal honteux, à l'âge, l'une de treize ans, l'autre de douze, la troisième de onze, la quatrième de neuf, et la cinquième de huit. La mère de celle-ci était dans l'hôpital, attaquée de la même maladie. Trois de ces jeunes filles avaient été séduites dans la maison de leur mère, et ce n'était pas par des enfans [5]. »

La prostitution des jeunes filles n'est pas toujours imputable en Angleterre à l'avidité de quelque mère dénaturée. Ce qui frappe au contraire en lisant les récits des procès correctionnels, c'est la parfaite spontanéité de ces penchans vicieux dans la plupart des sujets On y voit une prostituée à peine âgée de treize ans, qui, pour déjouer la surveillance de son père, l'accuse elle-même devant le jury [6] de l'avoir violée ; d'autres, dans un âge encore plus tendre, servent d'appât pour attirer et pour pervertir les jeunes garçons dont les voleurs émérites font leurs instrumens. Mais je préfère insister sur un récit qui donne une idée plus complète de cette perversité de serre-chaude, en montrant qu'aucun vice ne lui est étranger.

La scène se passe au bureau de Queen Square, le 14 décembre 1842. Deux jeunes filles, Marguerite Haggarty et Marie Hanton, sont prévenues d'avoir cherché à extorquer de l'argent à un honnête marchand, M. Perkins. Le plaignant déclare que la veille, dans la soirée, comme il traversait le pont de Westminster, Haggarty s'approcha de lui et lui demanda l'aumône de quelques pence. Il refusa, mais la jeune fille insista et le suivit en l'importunant. Un moment, il l'avait perdue de vue, lorsqu'à l'entrée du cimetière de Sainte-Marguerite elle l'aborda de nouveau, à sa grande surprise, et mit la main sur lui, l'accusant d'avoir pris avec elle certaines libertés. Au même instant, elle poussa un cri qui fut le signal de l'apparition de Hanton et de quatre autres qui l'entourèrent en le menaçant. Hanton particulièrement se mit à pleurer, prétendant que sa sœur avait été insultée, et, se saisissant d'une grosse pierre, elle jura qu'elle écraserait la tête au plaignant, à moins qu'il ne lui donnât de l'argent. M. Perkins les arrêta l'une et l'autre, et, un agent de police survenant, il les fit conduire à la station. Pendant ce temps-là, leurs complices s'étaient esquivées. — Le magistrat, M. Bond, demande si l'on sait quelque chose des antécédens de ces jeunes filles. L'inspecteur, M. Bareford, répond qu'il les connaît bien, et qu'elles lui avaient déjà donné de l'embarras un an auparavant. Il les avait trouvées rôdant le long des rues, et les avait renvoyées à leurs parens, qui étaient d'honnêtes ouvriers vivant à l'autre extrémité de la ville ; mais elles avaient bientôt quitté la maison paternelle pour retourner à leurs habitudes

LÉON FAUCHER

vicieuses Ce matin même, elles lui ont avoué que depuis plusieurs mois elles vivaient de la prostitution. L'inspecteur ajoute qu'ayant reçu d'autres plaintes du même genre, il avait donné l'éveil à ses agens. — Haggarty est condamnée à un mois d'emprisonnement, et Hanton à cinq jours. En France, ces jeunes filles auraient été renfermées, par ordre du tribunal, dans une maison de correction jusqu'à leur dix-septième année.

Nos journaux judiciaires nous ont souvent entretenus des prouesses de certains malfaiteurs qui exercent une pareille industrie. Ceux-là vont s'embusquer dans quelque allée obscure des Champs-Élysées ou au détour d'une rue peu fréquentée, et, lorsqu'ils rencontrent un passant bien mis, ils l'arrêtent, le menaçant de l'accuser, s'il hésite à leur ouvrir sa bourse, de leur avoir fait une infâme proposition. Mais que le même expédient soit pratiqué par de jeunes filles ; que celles-ci atteignent, malgré leur âge et malgré leur sexe, à cet excès d'audace, de cynisme et de dépravation, voilà ce qui confond l'intelligence ! voilà les prodiges, les signes de notre temps !

Les relations des prostituées à Londres avec les voleurs sont un fait général et qui souffre peu d'exceptions. On les rencontre par centaines attablés ensemble dans les cuisines des garnis ou dans les cabarets, à jouer aux cartes et aux dés. Ces femmes ont le secret des expéditions, elles en partagent quelquefois les périls et habituellement les profits. Il n'y a pas de maison de prostitution, dans la dernière classe et la plus nombreuse, à Londres, à Manchester, à Liverpool ni à Glasgow, qui ne soit aussi une caverne de brigands. Voici la méthode usitée en pareil cas. Une de ces femmes ignobles, et dont le seul aspect offense tous les sens, se met en quête d'une dupe. Quand elle pense l'avoir trouvée, comme ce malheureux n'aurait jamais le courage de suivre une telle créature ni de s'aventurer dans un tel lieu, elle le conduit d'abord dans la boutique de quelque débitant de liqueurs et l'enivre de gin. Le patient, ayant perdu l'aplomb de sa raison, devient plus facile ; on l'entraîne, à travers une multitude d'allées tortueuses, au fond d'une cour, et là, dans un affreux coupe-gorge d'où il ne sort que battu et dépouillé, souvent on le laisse pour mort et on le jette dans la rue. Tout récemment, la cour criminelle de Londres a condamné à la déportation quatre prostituées toutes âgées de dix-sept ans, qui avaient figuré comme acteurs ou comme complices dans un guet-apens de ce genre ; mais il n'est pas toujours facile de retrouver la trace des coupables à travers ces labyrinthes de Saint-Giles, dont les allées se ressemblent toutes, et où les cours n'ont pas de nom.

On le voit, la prostitution à Londres corrompt la femme sans réserve. En la dépouillant de sa pudeur, le vice ne lui laisse pas même sa probité. Il semble que ce soit une nature forte ; mais, sans lest et ressort, quand elle commence à descendre, elle ne s'arrête qu'au fond de l'abîme, d'où elle ne remonte plus, Les races méridionales portent la débaucbe avec une sorte d'aisance et comme un effet du climat ; dans les contrées du Nord, de pareils excès sont tellement contre nature, que les malheureux qui s'y abandonnent tombent dans la brutalité la plus abjecte et perdent bientôt tout ce qu'ils avaient d'humain. D'ailleurs la moralité en Angleterre tient beaucoup plus à la force des habitudes qu'à la fermeté des principes. La société enveloppe l'homme et surtout la femme d'une infinité de retranchemens qui servent d'appuis à sa vertu et qui l'empêchent de faillir ; mais aussi, une fois sortie de ces lignes de défense, elle se trouve sans, support, et, l'occasion venant à l'attaquer, elle devient une proie certaine. Elle succombe sous le poids de ces ailes de plomb que Milton donne aux anges rebelles et déchus.

Après la misère vient la prostitution, et après la prostitution le crime ; ce n'est pas la partie la moins lugubre du sujet. On connaît le budget criminel du département de la Seine : dix-huit cents à deux mille libérés [7] forment le noyau de cette brigade de malfaiteurs qui est perpétuellement à l'état d'agression contre les personnes et contre les propriétés ; la population moyenne des prisons comprend cinq mille détenus ; sans compter les prostituées, la police opère chaque année dix-sept à dix-huit mille arrestations ; enfin, les tribunaux condamnent annuellement à la mort, aux travaux forcés ou à l'emprisonnement, 6,500 à 7,000 individus. La population de la seine étant d'environ 1,300,000 habitans, il y a donc un individu arrêté sur 72, et une condamnation sur 185. Cette proportion, déjà bien assez effrayante, n'est rien auprès de celle que présente la capitale du royaume-uni.

Au commencement du siècle, Colqu'houn, voulant expliquer l'accroissement déjà rapide qui se faisait sentir dans le nombre des délits, supposait que, depuis la révolution française, Londres était devenu le rendez-vous de tous les scélérats et de tous les escrocs du continent. « Paris étant ruiné, disait cet auteur, la noblesse bannie et la plus grande partie des propriétés mobilières anéanties, les fripons et les escrocs n'y ont plus les mêmes ressources qu'auparavant, et d'ailleurs cette ville n'a plus les attraits quelle avait autrefois. L'ignorance de la langue anglaise, qui était pour nous une espèce de sauve-garde, n'est plus un obstacle à l'action des malfaiteurs venus du continent. Jamais notre langue n'a été aussi répandue au dehors et jamais l'usage de la langue française n'a été aussi commun dans ce pays, surtout parmi les jeunes gens. Le goût du jeu et de la dissipation qui règne dans Londres, et que l'influence des étrange, corrompus, l'opulence du peuple et la grande masse du numéraire en circulation ont déjà bien augmenté, présente aux Français et au étrangers qui infestaient Paris sous l'ancien gouvernemens un vaste champ pour exercer leur industrie. »

Depuis la paix, Paris est devenu plus brillant que jamais. Cette richesse mobilière, que Colqu'houn croyait anéantie, s'est multiplié jusqu'à éblouir les yeux et jusqu'à étonner l'imagination. La Capitale de la France est aussi le théâtre de la mode, du luxe et des plaisirs. Elle attire, comme autrefois les voyageurs opulens de toutes les contrées de l'Europe, et à leur suite ce cortége d'escrocs et d'intrigans qui viennent prendre part à la curée. Si nos malfaiteurs, mettant à profit l'universalité de la langue française, vont chercher parfois leur butin à Londres, à Bruxelles, à Berlin, la diffusion des langues étrangères en France ouvre par compensation notre territoire aux malfaiteurs de tous les pays. En veut-on la preuve ? Il suffit de parcourir les comptes de la justice criminelle, où l'on trouvera par exemple que, sur 15,624 individus arrêtés à Paris en 1840, 1,072 étaient étrangers à l'empire français.

Si Colqu'houn vivait encore, il serait forcé de reconnaître qu'en fait de crimes, en Angleterre, l'exportation égale tout au moins l'importation. Ce magistrat, qui ne savait comment expliquer la quantité des délits à une époque où les prisons de Londres recevaient annuellement quatre à cinq mille prévenus, se trouverait bien autrement embarrassé pour rendre compte des causes qui amènent aujourd'hui, dans cette seule ville, l'arrestation de soixante-quinze quatre-vingt mille personnes par an. Quelle que puisse être d'ailleurs l'explication, il faut bien admettre, lorsqu'un désordre social se développe avec ce luxe de proportions, qu'il doit être un produit indigène et spontané. Il reste pourtant à l'évêque de Londres, ce grand ennemi de la danse, la consolation d'imputer à la contagion des idées et des mœurs françaises un scandale que le bon Colqu'houn, dans la naïveté de ses illusions patriotiques, regardait comme l'œuvre directe des bandits français.

Aucune agrégation d'hommes dans le monde connu, à l'exception peut-être de Liverpool, de Manchester et de Glasgow, ne commet proportionnellement autant de délits que la population de Londres Pet de sa banlieue. La police métropolitaine, dont la juridiction s'étend sur le comté de Westminster et sur une partie du comté de Surrey a mis la main en 1842 sur 65,704 individus. Si l'on y joint les 10,841 arrestations opérées par la police de la Cité, on aura un total de 76,545 personnes arrêtées dans l'année, ce qui donne pour la métropole une arrestation sur 25 habitans. Il faut dire que les lois et les règlemens de police en Angleterre élèvent au rang de délits des actes qui ne sont pas considérés chez nous comme légalement répréhensibles : par exemple, on arrête les ivrognes, à moins qu'ils ne soient en état de se conduire ; 13,301 personnes sont portées de ce chef sur les tables de 1842. On y trouve encore près de 23,000 individus emprisonnés comme suspects ou comme menant une vie de désordre, sans compter 3,000 prostituées. Si l'on retranche du bilan criminel de Londres toutes les contraventions qui ne sont pas punies à Paris, le chiffre des arrestations sérieuses peut se réduire de 76,000 à 45,000 environ, chiffre qui représente encore une arrestation sur 40 habitans. Parmi les individus arrêtés, 15,533 ont été condamnés à la mort, à la déportation ou à l'emprisonnement ; résultat : une condamnation par 120 habitans.

En poussant plus avant cette comparaison, voici le contingent que chacune des deux métropoles a fourni aux principales catégories de crimes et de délits. Les chiffres sont extraits, pour Londres, du compte-rendu de la police, métropolitaine en 1842, et, pour Paris, du dernier compte-rendu de la justice criminelle que l'administration ait publié, celui de 1841.

CRIMES ET DÉLITS CONTRE LES PERSONNES.

ACCUSES ET PREVENUS   LONDRES SANS LA CITE PARIS

1° Meurtre ou tentative de meurtre, assassinat, empoisonnement etc. 123 21

2° Coups et blessures suivies de mort   «   14

3° Sodomie ou tentative de, etc 35   «

4° Viol ou tentative de viol53   33

5° Bigamie 28   «

6° Outrage public à la pudeur   152 149

7° Outrages et violens envers la force publique.2,193   1,581

8° Coups et blessures ayant ou non entraîné une incapacité de travail (common assaults) 5,193   1,648

TOTAL   7,277   3,449

CRIMES ET DÉLITS CONTRE LES PROPRIÉTÉS

ACCUSÉS ET PRÉVENUS.   LONDRES SANS LA CITÉ. PARIS.

Vols qualifiés, effraction, etc   277 360

Vols domestiques, etc364 244

Vols simples, escroquerie, recel, etc 13,880   3,390

Faux et fausse monnaie   1,024   82

TOTAL   15,545   4,076

Si l'on joint les délits commis dans la Cité à ceux qu'indiquent les comptes de la police métropolitaine, le nombre des délits contre les personnes à Londres s'élève à 8,339, et celui des délits contre la propriété à 17,794.

Il est à peine nécessaire d'insister sur ces résultats. Quelle disproportion entre les deux villes ! Le rapport est celui de 2 à 1 dans les crimes contre les personnes, et de 3 à 1 dans les crimes contre les propriétés. La population de Londres paraît être tout à la fois plus violente et plus dépravée que celle de Paris. Le meurtre, l'assassinat, le viol, la sodomie, les violences contre la force publique, les rixes suivies de coups, tous les excès en un mot qui supposent des passions sans frein, s'y donnent pleine carrière. L'intempérance y produit les mêmes effets qu'engendre ailleurs l'ardeur du climat. En même temps, on aperçoit dans tout son développement la corruption qui est particulière aux peuples libres et industrieux. Plus de 16,000 cas de vol simple et d'escroquerie dans une seule ville ! 961 cas de fausse monnaie ! On voit bien que l'argent est le dieu de cette société.

Par un phénomène digne d'observation, les délits commis contre les propriétés semblent avoir atteint leur point culminant à Londres et la quantité n'en varie guère depuis sept ans. Les crimes et les délits commis contre les personnes suivent au contraire un mouvement ascendant de plus en plus prononcé. Ainsi, le nombre des vols avec violence est aujourd'hui double de ce qu'il était en 1836 ; les gens du peuple jouent plus fréquemment du couteau dans leurs rixes ; on ménage moins la vie des hommes ; les actes de rébellion et les violences de tout genre se sont accrus de 26 pour 100 en dix ans.

Mais de quels élémens se compose cette population de criminels ? Il y a d'abord les malfaiteurs de profession, dont M. Chadwick estime le nombre à 6,407 [8], sans y comprendre ceux qui habitent la Cité de Londres. Cette évaluation doit être au-dessous de la réalité. Comment ne pas le supposer, lorsque le même auteur, qui ne compte que 276 garnis destinés aux voleurs dans la ville de Londres, en alloue 1,469 à la ville de Liverpool ? Au surplus, si les filous ne sont pas plus nombreux, le personnel de cette confrérie se renouvelle souvent. Selon M. Chadwick, la carrière d'un malfaiteur, qui se prolongeait en moyenne pendant six années du temps de l'ancienne police, ne dure plus aujourd'hui que deux ans.

Les associations de malfaiteurs avaient, avant l'année 1829, un caractère formidable. Elles pouvaient, dans un moment fixé, envahir Londres et tenir la force publique en échec. Lorsque les truands de la capitale voulaient se donner un passe-temps qui fut aussi un acte d'autorité, ils organisaient une chasse au taureau (bull hunting). Voici quel était le procédé : on prenait l'animal dans un troupeau ; on le battait et on le tourmentait de cent façons jusqu'à ce qu'il écumât de rage ; dans cet état, on le lançait à travers les rues, où il renversait les passans, enfonçait les boutiques et ameutait la foule après lui. Des enfans placés sous la direction d'un chef, le suivaient au pas de course et à grands cris, cherchant à augmenter la confusion ; puis les bandits, survenant en nombre et bien armés, battaient le guet et pillaient sans merci les assistans.

Les grandes traditions se perdent aujourd'hui. Au lieu de chasser le taureau dans les rues de Londres, les habitués de Saint-Giles et de Field-Lane en sont réduits, pour entretenir dans leur cœur les émotions fortes, à faire battre des chiens à huis-clos. A l'avènement de la nouvelle police, les chefs de bande avaient préparé une émeute qui devait éclater sur le passage de Guillaume IV se rendant à Guildhall. Pendant plusieurs heures en effet, les agens de police, rangés en ligne dans le Strand, eurent à essuyer les outrages d'une foule dans laquelle les voleurs dominaient. Ceux-ci, voyant que le vrai public ne se mettait pas de la partie, jugèrent le coup manqué, et ce fut leur dernier acte de vigueur.

En renonçant à livrer des batailles rangées à la société, les malfaiteurs britanniques n'ont pas cessé pour cela d'être dangereux. Non-seulement ils restent les plus accomplis filous de la terre, mais ils ont imaginé de faire des élèves. Ils séduisent les femmes [9], qui les aident ensuite à débaucher les enfans. C'est pourquoi le nombre des voleurs de profession devient une question secondaire ; chacun d'eux a désormais une importance plus grande, Pouvant disposer des services de plusieurs individus. Une lance, dans le moyen voulait dire un cavalier avec plusieurs hommes de pied, en sorte qu'une armée de cinq mille lances représentait souvent vingt mille hommes. Les malfaiteurs d'aujourd'hui sont organisés sur le même principe, et cela valait la peine d'être observé, car rien de pareil ne se voit sur le continent.

Les femmes, dans la ville de Londres, prennent une grande part aux délits. On a compté 17,686 femmes [10] sur 63,124, personnes arrêtées en 1842, ce qui donne la proportion de 28 sur 100. A Paris, cette proportion n'est que de 14 à 15 pour 100. Et ce serait une erreur de croire que les délits commis par les femmes à Londres manquent de gravité ou portent un caractère spécial. Elles marchent dans le crime du même pas que les hommes, avec la même hardiesse et avec la même brutalité. On les voit figurer dans les meurtres, dans les vols avec effraction, dans les rixes et jusque dans les violences exercées contre la force publique ; elles s'enivrent comme les hommes se battent comme eux, et trempent aussi leurs mains dans le sang. Le tableau suivant montre le rapport des hommes aux femmes dans les principaux délits.

DÉLITS	PRÉVENUS	HOMMES	FEMMES	POUR CENT
Meurtre	25	18	7	28
Coups et blessures graves.	43	32	11	25 1/2
Violences contre la force publique.	1,769	1,512	257	14 1/2
Violences exercées sur des particuliers	5,193	4,290	903	17
Vols simples.	5,673	3,931	1,742	30
Vols sur la personne	1,307	535	772	59
Vols dans une maison habitée.	472	237	235	50
Vols avec effraction, etc.	141	120	21	15
Fausse monnaie	961	580	281	39
Escroquerie	12,338	7,988	4,350	35

La moralité de la famille, dépend surtout de la femme. Dans une ville où la corruption du sexe le plus faible est aussi extraordinaire, le vice doit germer de bonne heure au foyer domestique, et flétrir l'enfance de son souffle avant l'age des passions. On s'étonne du nombre des enfans qui paraissent chaque année à Paris devant la police correctionnelle et devant la cour d'assises. Que sera-ce si l'on énumère les jeunes délinquans que fournit la métropole de l'Angleterre !

Parmi les 14,371 individus arrêtés à Paris en 1841 [11], 3,375 étaient au-dessous de vingt-un ans ; on en comptait dans ce nombre 1,442 au-dessous de seize ans. 3,355 jeunes délinquans donnent, à peu de chose près, relativement à la population de la Seine, la proportion de 1 sur 400. A Londres, le district de la police métropolitaine, à l'exclusion de la Cité, a fourni en 1842 16,987 délinquans au-dessous de vingt ans, ce qui, même sans parler de ceux de vingt à vingt-un ans, présente pour la population de ce district le rapport de 1 sur 100. Voici comment se répartit entre les divers ages de l'enfance et de l'adolescence cette masse de prévenus :

	GARCONS	FILLES	TOTAL
Au-dessous de dix ans	104	42	146
De dix ans et au-dessous de quinze	2,163	428	2,591
De quinze ans et au-dessous de vingt	9,502	4,748	14,250
TOTAL	11,769	5,218	16,987

La moitié de ces enfans, soit 8,326, ont été condamnés sommairement par les tribunaux de police ou renvoyés devant le jury. Voici l'énumération des délits qu'ils avaient principalement commis :

Coups, blessures et meurtre	485
Vols qualifiés	93
Vols, recel, faux, etc	3,321
A l'état habituel de vol ou de désordre.	1,931
Vagabonds et prostituées	1,551

Ainsi, le délit qui amène la plupart de ces arrestations est le vol. C'est l'industrie à laquelle on dresse les enfans dès leur bas age dans les familles perdues. « Les enfans de parens dissolus et qui vivent oisifs, dit M. Beaumont dans la première enquête sur la police de Londres, infestent les rues dans un état de dénuement et de vagabondage ; la seule instruction que ces petits malheureux reçoivent est de gagner leur vie en mendiant et en volant. J'ai vu des enfans qui n'avaient pas plus de sept à huit ans, initiés à l'art de fouiller les poches des passans, sous l'inspection de femmes adultes qui paraissaient être leurs mères. Quelquefois les parens ne prennent pas la peine de cette éducation, et ils mettent leurs enfans à la solde de quelque voleur expérimenté. Avant la réforme de la police métropolitaine, des bandes de petits voleurs s'assemblaient régulièrement sur les terrains vagues des faubourgs, et là le recéleur qui soudoyait cette armée de filous venait tous les jours, chargé d'une immense corbeille, leur distribuer publiquement de l'argent et des provisions.

Il se tenait même à Londres des espèces d'écoles professionnelles, des pépinières (nurseries) de filous, où les enfans allaient se former à l'art des Cartouche et des Mandrin. Des voleurs émérites avaient coutume de choisir de jeunes garçons dont ils formaient une bande pour agir sous leur direction, et auxquels ils donnaient des leçons matin et soir. « Depuis l'établissement de la nouvelle police, dit le rapport on constabulary force, ce système ne se pratique plus avec régularité. De temps en temps, lorsqu'un vieux voleur se trouve au rendez-vous des jeunes, ceux-ci s'exerçant entre eux pour montrer leur adresse, l'ancien les reprend s'ils viennent à se tromper, mais il ne cherche pas à exciter leur émulation par des récompenses. C'est là, d'ailleurs, un exercice accidentel et qui n'a guère lieu qu'une fois en huit jours. »

Suivant le rapport auquel j'ai déjà emprunté plusieurs citations, les jeunes délinquans débutent généralement, à Londres comme à Paris, par dérober aux étalages des fruits ou de la viande. Plus tard, ils s'enhardissent et volent des marchandises de peu de prix, qu'ils vendent ensuite pour quelques pence aux recéleuses irlandaises de Saint-Giles ou de Holborn ; le produit est dépensé en friandises et en sucreries. Dans les enquêtes antérieures à 1830, on considère les petits théâtres comme l'occasion première de cette dépravation. Les enfans s'y rendent par centaines, attirés par le bas prix d'un spectacle dont ils jouissent souvent pour deux sous ; puis, n'osant plus rentrer chez leurs parens à une heure aussi avancée, ils passent la nuit pêle-mêle dans les marchés, où ils vivent d'écorces d'oranges et autres débris. La description la plus complète et la plus exacte des procédés au moyen desquels tant d'enfans sont détournés de la famille et de la société, se trouve dans une brochure publiée en 1831 par un observateur très intelligent qui se trouvait alors renfermé à Newgate, M. Gibbon Wakefield. C'est lui que je vais laisser parler.

« Londres abonde en petites pépinières de légers délits, dirigées des personnes de tout âge. J'ai eu l'occasion d'interroger plus de voleurs de l'âge de huit ans à quatorze, sur les causes qui les avaient engagés dans le vol, et, dans neuf cas sur dix, j'ai trouvé que l'enfant n'avait pas commis son premier crime spontanément, et qu'il avait été entraîné dans cette carrière par des personnes qui professent cette sorte de séduction.

« La plus nombreuse classe de ces séducteurs se compose de voleurs expérimentés, enfans et hommes faits, qui vont à la recherche d'enfans non criminels et leur représentent l'existence du voleur comme une vie de plaisir. En pareil cas, les moyens de séduction ne se bornent pas aux paroles ; on donne à manger à ceux qui ont faim, et quant à ceux qui ne manquent pas de pain, on leur offre toute espèce de jouissances. Un voleur expérimenté dépense souvent dix livres sterling (255 fr.) en quelques jours pour corrompre un jeune garçon, en le menant aux spectacles et en le laissant manger et boire dans les boutiques de pâtisserie ou de fruits, ainsi que dans les cabarets. Lorsque l'enfant, sous l'impression de ces jouissances, témoigne du dégoût pour la vie honnête, on le considère comme préparé à recevoir sans s'alarmer les insinuations de celui qui le séduit.

« Souvent on emploie des moyens de séduction encore plus efficaces, à savoir l'excitation précoce de la passion sexuelle, avec l'aide des femmes associées aux voleurs, et auxquelles on confie généralement le soin de faire comprendre à ces jeunes gens, dans leur ivresse, que le vol est l'unique moyen de continuer sûrement cette vie de débauche. Ce genre de séduction réussit toujours. Pour l'édification de ceux qui pourraient croire que j'exagère les faits, j'ajouterai que la plupart des enfans au-dessus et même au-dessous de douze ans qui sont détenus à Newgate ont eu des relations avec les femmes. On ne peut guère en douter, car ces enfans sont visités journellement par leurs maîtresses, qui se font passer pour leurs sœurs, et leur conversation dans la prison roule le plus souvent sur leurs amours.

Une autre classe de séducteurs se compose d'hommes et de femmes, mais principalement de vieilles femmes qui tiennent des boutiques de fruits et de petits gâteaux, afin de dissimuler leur véritable commerce, qui consiste à déterminer les enfans au vol et à recéler les objets volés par ces enfans. Voici la méthode suivie en pareil cas. Lorsqu'un enfant achète des fruits ou des gâteaux, on lie conversation avec lui pour gagner sa confiance. Il passe un autre jour devant la boutique sans argent, et on l'invite à prendre à crédit. S'il cède à la première tentation, c'est fait de lui. Une fois endetté, il se laisse entraîner et se voit bientôt engagé pour une somme qu'il ne peut pas acquitter. On lui parle alors de la dureté des parens et des maîtres, on le plaint de manquer d'argent, et on lui insinue qui pourrait aisément payer ce qu'il doit en dérobant quelque objet dans la boutique de son maître ou dans la maison de ses parens. Le premier pas fait, il continue à voler. La recéleuse reçoit les objets dérobés et ne lui donne qu'une partie de l'argent qu'elle en retire ; elle lui fait connaître d'autres jeunes garçons qui suivent la même carrière, et l'enfant apprend bientôt à préférer à une vie laborieuse et frugale l'oisiveté d'une existence dissipée. Enfin, il devient un voleur accompli, laisse là sa séductrice avec laquelle il ne consent plus à partager le produit de ses vols, s'associe à une bande, prend une maîtresse, et se trouve désormais établi sur le grand chemin de Botany-Bay et des pontons.

« D'autres pépinières de crimes, qui n'existent pas, celles-là, dans tous les quartiers, mais qui se concentrent dans certains districts, tels que Saint-Giles, les bas quartiers de Westminster et les deux extrémités de White-Chapel, sont les logemens garnis tenus par des recéleurs. Il en est où l'on n'admet que des enfans ; cela se fait pour éviter que les hommes ne les dépouillent, et afin d'assurer aux logeurs une plus grande part du butin. Les femmes cependant ne sont pas exclues. Il serait plus exact de dire que l'on admet des jeunes filles de tout âge, depuis l'âge de dix ans (car les filles qui s'associent aux voleurs arrivent rarement à l'âge de femme), non pas pour leur propre compte, mais comme les maîtresses reconnues des enfans. On ne saurait décrire les scènes de débauche qui se passent dans ces antres, et, si on les décrivait, le public n'y croirait pas. »

Le témoignage de M. Wakefield concorde avec celui des magistrats et des officiers de police entendus dans les enquêtes parlementaires. « Tous les enfans, dit le chapelain de Newgate, M. Cottou, même dans l'age le plus tendre, font profession d'entretenir, sur le produit de leurs vols, des filles qu'ils appellent flash-girls. B…, qui est un enfant de neuf ans, a, lui aussi, une personne qu'il appelle sa femme (hisgirl). — Dans des maisons particulières a Saint-Giles, et dans des maisons publiques à White-Chapel, dit M. V. Beaumont, les jeunes garçons et les jeunes filles passent la nuit dans un état complet de promiscuité. »

En voilà bien assez pour montrer que le nombre des jeunes délinquans à Londres n'est pas encore le caractère le plus saillant de cette épidémie morale, et que le mal s'aggrave par la nature même par l'étendue de leur dépravation. Le gamin de Paris est vagabond d'habitude et voleur par occasion ; le vice, en le marquant de son empreinte, ne lui enlève pas tout ce qu'il a d'humain, et sa précocité ne va pas jusqu'à l'initier, dès la plus tendre enfance, à tous les excès de l'âge viril. A Londres, il n'y a pas d'enfance pour les malfaiteurs : un jeune voleur n'a ni les qualités ni les défauts de son age ; à neuf ou dix ans, c'est déjà un homme fait, aussi adroit qur les filous les plus consommés, aussi étranger à tout principe et à tout sentiment, leur émule en débauche, leur maître en sang-froid, et, pour tout dire, un monstre avorton.

Cette espèce de criminels se recrutait principalement, il y a dix ans, dans les maisons de charité. Les orphelins et les enfans des familles pauvres, abandonnés ou mal surveillés par la paroisse dès qu'ils avaient l'âge d'apprendre un métier, se livraient au vagabondage et formaient des liaisons qui avaient bientôt achevé de les pervertir. Depuis que les commissaires chargés de l'administration des pauvres ont fondé, dans les environs de Windsor, une maison où ces enfans reçoivent une éducation professionnelle, les pourvoyeurs du vol sont dans la nécessité de s'adresser ailleurs. Cependant le nombre des jeunes délinquans, loin de diminuer à Londres, va au contraire croissant tous les ans. Il était de 11,781 en 1837, de 11,635 en 1838, de 13,587 en 1839, et de 14,031 en 1840. L'augmentation de 1842 sur la moyenne de ces quatre années est de 25 pour 100. N'y a-t-il pas là une progression bien menaçante pour la moralité des générations à venir ?

Avec un système d'éducation approprié à la réforme des Jeunes délinquans, on en sauverait assurément un grand nombre ; mais rien n'est plus barbare ni moins efficace que le traitement qu'on leur fait subir. Un petit filou est surpris la main dans le sac, il arrive souvent que le marchand lésé lui inflige sur place une rude correction ; on le dépouille de ses vêtemens, lance un chien après lui, et on le chasse, d'une chambre à l'autre, à grands coups de fouet, jusqu'à ce qu'il tombe épuisé sur le plancher. Alors une jatte de goudron étant apporté on en barbouille le drôle de la tête aux pieds ; on le saupoudre ensuite d'une poussière blanche qui donne d'effroyables démangeaisons, puis on assujétit ses habits en un paquet sur la tête, on lui lie les mains derrière le dos, et on le met dehors, portant sur ses épaules ce mot écrit en gros caractères : « voleur. »

Les magistrats de Londres ont le même goût pour les corrections manuelles, et mettent fréquemment les jeunes prévenus en liberté après les avoir fait fustiger. Tout barbare qu'il est, ce traitement semble encore préférable au prétendu système d'éducation que l'on emploie dans les prisons. A Newgate, les jeunes prisonniers ont des communications constantes avec les détenus adultes ; à Coldbathfields, ils travaillent dans le même atelier que les hommes et sont soumis, comme eux, au régime abrutissant du tread-mill. La prison-modèle que le gouvernement a établie à Parkhurst, dans l'île de Wight, pour les jeunes détenus, n'est encore qu'un essai informe et ne renferme pas au-delà de deux cent cinquante enfans.

J'ai vu bien des criminels ; j'étudie depuis douze ans la race particulière d'enfans qui alimente les prisons, je l'ai observée en France, en Belgique, en Angleterre et en Écosse ; dans toutes ou presque toutes les grandes villes, j'ai trouvé que cette existence vagabonde portait les mêmes fruits. A quelque différence près dans l'ouverture de l'angle facial, le jeune détenu de Manchester et d'Édimbourg ressemble à celui de Paris ; mais celui de Londres ne ressemble à rien. Il est difficile d'oublier, quand on les a examinées une fois avec attention, ces physionomies pâles, muettes et dures, qui ne trahissent déjà plus aucune émotion de l'ame, et sur lesquelles on peut lire seulement la sombre résolution de persévérer dans le mal. Les geôliers de Newgate gardent précieusement une collection de plâtres qui représentent les bustes des plus fameux criminels. Ces figures ne sont que brutales. Si l'on veut des types inconnus, que ne reproduit-on, en les prenant au hasard, les traits de huit ou dix enfans parmi ceux qui sont renfermés à Newgate ? On aurait figuré les pourvoyeurs du vol, les chacals de cette étrange société.

Nous voici arrivé au terme de cet exposé. Nous avons parcouru Londres, et nous en avons fait l'anatomie. La métropole de la Grande-Bretagne est une belle médaille et bien frappée, sur laquelle on reconnaît sans peine la puissante aristocratie qui domine les mers ; mais au revers de cette richesse et de cette puissance, on lit White-Chapel et Saint-Giles, c'est-à-dire la misère, le vagabondage, la prostitution et le vol. Si l'Angleterre a jamais humilié quelque grande nation, ce peuple n'a qu'à regarder Londres, et il se trouvera trop vengé.

NOTES

[1] First Report on constabulary force
[2]« Il nous parait que le système des secours à donner dans la métropole aux indigens de passage et aux personnes appelées communément

vagabonds demande à être placé sur un pied un peu différent de ce qu'il est aujourd'hui, soit quant à l'assistance que méritent ceux qui sont réellement malheureux, soit dans le but de décourager les imposteurs capables de travail. » (Eigth annual Report, p. 25.)

[3] Wardlaw's Lectures on prostitution.

[4] En 1842, 5,734 filles ont été arrêtées et conduites au dépôt de la préfecture.

[5] An Exposure of female prostitution, by W. Logan, City missionnary.

[6] Crown-Court, 7 august 1842.

[7] 1,867 libérés du bagne ou des prisons en 1836.

[8] First Report constabulary force, p 12.

[9] « Les voleurs et les prostituées semblent former une grande corporation universelle » (Constabulary Report.)

[10] Je déduis 2,580 prostituées du nombre total des arrestations.

[11] Le chiffre des entrées au dépôt de la préfecture de police en 1841 diffère de celui que nous indiquons ici d'après le compte-rendu de la Justice criminelle ; il est en effet de 17,234.

LIVERPOOL

L'époque dans laquelle nous vivons est l'âge des grandes villes. Les descriptions fabuleuses que l'antiquité nous a laissées de Thèbes, de Babylone, de Carthage, de Syracuse et de Rome elle-même, se trouvent effacées de nos jours par des réalités historiques telles que Londres, Paris, Amsterdam, Vienne, Naples, Madrid, Berlin, New-York, Pétersbourg et Moscou. Les capitales n'ont plus, comme autrefois, le privilège d'attirer seules des habitans qui restaient encore le plus souvent à l'état de foules parasites. Ce sont aujourd'hui des populations laborieuses qui se groupent pour former des centres de commerce ou d'industrie. Le travail est le principe de toutes Ces associations ; les hommes ne se rassemblent plus que pour produire ou pour échanger des produits, et plus les sources de la production sont fécondes, plus le nombre des travailleurs se multiplie.

La population qui était stationnaire dans le dernier siècle, a fait depuis cinquante ans d'immenses progrès en Europe. Tantôt malgré la guerre et tantôt à la faveur de la paix, presque tous les états ont vu s'accroître purs habitans. Dans ce mouvement d'expansion, les villes ont généralement gagné plus que les campagnes, et les grandes villes plus que les petites cités. Le cours naturel des choses eut que la mortalité parmi les populations urbaines soit plus considérable que parmi les populations rurales, car des habitudes paisibles et un air pur doivent prolonger la durée de la vie ; mais la force d'attraction dont sont douées les agglomérations puissantes tend à combler les vides qui se déclarent dans leurs rangs. Il s'établit une émigration régulière et croissante des campagnes vers les villes. Attirés par des salaires plus élevés, les laboureurs accourent à ces vastes marchés du travail, et sont bientôt transformés en ouvriers des ports ou des manufactures. Il semble que la reproduction de l'espèce humaine s'opère principalement aux champs [1], et la consommation dans les cités.

Ce caractère distinctif de notre état social n'est nulle part plus marqué qu'en Angleterre. Aucune contrée, dans le monde connu, ne présente un plus grand nombre de villes industrieuses et largement peuplées. En France, on citerait à peine, après Paris, trois ou quatre cités, comme Lyon, Marseille, Bordeaux et Rouen, qui aient plus de cent mille habitans. Dans la Grande-Bretagne, chacune des villes de Liverpool, Manchester et Glasgow compte près de trois cent mille ames ; Édimbourg, Birmingham, Leeds, Bristol, Sheffield et Newcastle ont de cent à deux cent mille habitans. En 1836, les villes de dix mille ames et au-dessus renfermaient, en France, une population de 3,764,219 habitans. En 1831, les cités de cette importance renfermaient déjà dans la Grande-Bretagne, et sur une population générale qui était à peine la moitié de celle de la France, 4,620,000 habitans. A la même époque, 28 personnes sur 100 se vouaient à l'agriculture de l'autre côté du détroit, pendant que les travaux des champs absorbaient chez nous 68 personnes sur 100.

La prépondérance que prennent aujourd'hui les agrégations urbaines est caractérisée dans les deux contrées par les termes suivans. En France, de 1801 à 1836, la population du royaume s'est accrue de 23 pour cent. Dans le même intervalle, la population de Marseille s'augmentait de 32 pour cent ; celle de Lille, de 33 pour cent ; celle de Toulouse, de 54 pour cent ; celle de Lyon, de 37 pour cent ; celle du Havre, de 60 pour cent ; celle de Paris, de 66 pour 100 ; celle de Reims, de 90 pour cent ; celle de Saint-Quentin, de 100 pour cent, et celle de Saint-Étienne, de 150 pour cent. En Angleterre l'accroissement général de la population, de 1811 à 1831, a été de 36 pour cent. Dans cet espace de vingt années les populations rurales n'ont gagné que 30 pour cent, tandis que les populations urbaines prises ensemble, gagnaient 53 pour cent. Mais le progrès frappera bien davantage, si l'on borne cette comparaison aux principales cités ; en effet, il est à Londres de 42 pour cent ; à Édimbourg et à Newcastle, de 60 pour cent ; à Bristol, de 65 pour cent ; à Sheffield, de 70 pour cent ; à Birmingham, de 72 pour cent ; à Liverpool, de 75 pour cent ; à Glasgow, de 95 pour cent, et à Manchester, de 150 pour cent.

Parmi tous ces phénomènes, l'état actuel du comté de Lancastre est sans contredit le plus digne d'attention. En 1801, la population de ce district était de 672,565 ames ; le recensement de 1841 a constaté l'existence de 1,667,064 habitans. M. H. Ashworth [2] fait remarquer que, si le mouvement de la population dans le Lancashire avait été le même que dans le reste du royaume, ce district n'aurait compté en 1841 que 1,125,924 habitans, et il en conclut que les 531,130 personnes qui forment l'excédant ont dû émigrer des districts agricoles vers les centres commerciaux et manufacturiers pendant les quarante dernières années. On reconnaîtra que le contingent fourni par l'émigration à ce gigantesque accroissement a dû être bien plus considérable, si l'on réfléchit que les agrégations urbaines n'ont pas une force de reproduction égale à celle des districts ruraux, et que la population des villes, livrée à elle-même, grandit avec moins de rapidité.

Le Lancashire et généralement les comtés manufacturiers ont donc ouvert une issue, un refuge à la surabondance de la population. Au lieu de se répandre au dehors, comme dans le XVIe et le XVIIe siècle, les habitants de la Grande-Bretagne ont fondé ainsi à l'intérieur ces magnifiques colonies de la laine et du coton, où tant de bras oisifs ont trouvé du travail, et tant de capitaux de l'emploi. Le Lancashire a été véritablement, comme le disait récemment le Times, la maison de charité ou plutôt la maison de travail, le world-house de l'Angleterre, dans le sens littéral de ce mot.

La population agricole est peu nombreuse dans le comté de Lancastre, où elle représente aujourd'hui 9 pour cent du nombre des habitants. Là, tout est villes, usines, manufactures, comptoirs et chantiers de construction. On n'y peut, faire un pas sans rencontrer quelque ouvrage qui atteste une conquête de l'homme sur la nature. Aucune partie de l'Angleterre n'est sillonnée au même degré de routes, de canaux et de chemins de fer. Au milieu de ces merveilles, Liverpool et Manchester les résument toutes et sont comme les deux faces d'un même sujet.

Nulle part les liens qui unissent le commercé à l'industrie ne paraissent plus étroits. Liverpool et. Manchester sont en quelque sorte solidaires ; l'un de ces établissemens venant à chanceler, l'autre ne pourrait pas rester debout. Il y a mieux. Ces deux villes, qui représentent et qui personnifient l'industrie humaine parvenue à l'apogée de la production, étaient impossibles l'une sans l'autre. Le commerce de Liverpool n'aurait jamais atteint ses dimensions colossales, s'il n'avait eu derrière lui les manufactures de Manchester pour consommer les marchandises importées et pour lui fournir les élémens de ses exportations. Manchester, à son tour, aurait beau être assis sur d'inépuisables bancs de houille, faire des miracles d'invention en mécanique, et posséder une race industrielle qui combine l'audace avec le sang-froid, l'intelligence avec l'énergie, si les commerçans de Liverpool n'avaient pas été là pour expédier ses produits dans les quatre parties du monde. Séparez Liverpool de Manchester, et vous aurez quelque port en décadence, comme Bristol ou Plymouth. Eloignez Manchester de son port commercial, et vous ferez descendre cette métropole de l'industrie au rang de Leeds ou de Nottingham. La raison des accroissemens de Manchester est la même que celle des progrès de Glasgow : on la trouve dans le bas prix de la force motrice, et dans la proximité des grands centres commerciaux.

Autrefois les accroissemens des villes, de même que ceux des empires, s'opéraient avec lenteur ; ils étaient l'œuvre des siècles, qui les déposaient par une incessante alluvion. Aujourd'hui les développemens sont soudains, l'arbre croît à vue d'œil ; en moins de vingt-cinq ans, des villes naissent, et d'autres voient doubler leur population. Le monde marche au pas de course ; les hommes, selon l'expression américaine, vont toujours en avant (go a head) ; il est donc impossible que le désordre ne se mette pas de la partie.

La prévoyance sociale n'a pas le temps d'intervenir pour régulariser le cours de ces progrès. On bâtit à l'aventure ; les populations viennent s'entasser dans des quartiers ou elles manquent d'espace et d'abri ; enfin des maladies précoces, l'infection physique et la corruption morale fermentent au plus épais de ces grandes réunions ; on est bientôt réduit à reprendre en sous-oeuvre les fondemens de la société.

Tous les villes récemment formées ou récemment accrues présentent les symptômes de ce trouble social. Paris n'est qu'une vaste hôtellerie, où la population laborieuse demeure essentiellement flottante, et n'a pas, à proprement parler, de domicile ; cent vingt mille malades par an traversent les hôpitaux et dix à douze mille y meurent, le tiers des décès annuels. Lyon figure un amalgame informe, qui se compose de trois villes distinctes, qui a trois polices et trois administrations. Il en est de même de Londres et de Glasgow. Manchester s'est élevé un peu au hasard, entre deux paroisses qu'il réunit aujourd'hui, Salford et Chorlton. Il y a quelques années, Manchester n'avait encore ni représentans dans le parlement, ni municipalité, ni police, ni tribunaux ; cette ville dépendait de Salford, qui n'est plus aujourd'hui qu'un de ses faubourgs.

Les cités modernes peuvent se ramener à trois types principaux, qui sont : les capitales, les places de commerce, et les villes manufacturières. Chacune de ces variétés a une influence différente sur le bien-être, sur l'activité, sur l'intelligence et sur la moralité des hommes qui s'y trouvent rassemblés. Londres, Liverpool et Manchester résument les populations urbaines dans le royaume-uni. J'ai déjà esquissé, par quelques côtés, la physionomie de Londres. Liverpool soulève des problèmes semblables, mais sans aucun mélange de ces accidens qui tiennent à la vie politique et aux habitudes du grand monde. C'est aussi la transition la plus naturelle pour aborder les régions de l'industrie au sommet desquelles Manchester est placé.

Jusque vers la fin du XVIIIe siècle, Londres et Bristol se partageaient le commerce britannique ; Liverpool comptait pour bien peu dans ce mouvement. Aucun établissement commercial, sans même excepter New-York, n'a eu des commencemens aussi récens ni aussi humbles, et ne présente aujourd'hui le spectacle d'une aussi merveilleuse prospérité. Liverpool ou Litherpool était, il y a deux cents ans, une bourgade de pécheurs, à l'embouchure de la Mersey, et le port où l'on s'embarquait ordinairement pour passer en Irlande [3]. En 1700, la ville n'avait pas 6,000 habitans. En 1760, la population s'élevait à 25,787 personnes ; mais le port n'avait reçu dans l'année que 1,245 vaisseaux, et les droits de dock n'avaient produit que 2,330 liv. st. (près de 60,000 francs) au trésor municipal. En 1700, Liverpool était porté sur les rôles de la contribution foncière (land-tax) pour la modeste somme de 168 liv. sterl. 13 sh. 10 den. (4,220 fr.), et le revenu du district (hundred) de West-Derby, qui comprend cette ville, était évalué à 35,642 liv. sterli. (891,050 fr.).

Il y a loin d'une telle indigence aux splendeurs du présent. Le revenu de West-Derby se trouve estimé aujourd'hui, dans les évaluations des receveurs du comté, à 2,124,925 liv. sterl. [4], ce qui suppose dans la richesse locale un progrès de 5,900 pour 100. Liverpool, avec ses faubourgs, compte une population de 280,000 ames. Ses docks reçoivent annuellement quinze mille vaisseaux ; le revenu municipal ne s'élève pas à moins de 8 millions de francs, et le produit net des douanes que l'Échiquier y a établies excède 100 millions. Un seul port de la Grande-Bretagne rapporte ainsi à l'état plus que la France ne retire du revenu de tous ses ports réunis.

C'est une étude pleine d'intérêt que de suivre, dans l'histoire d Liverpool, la trace de ses développemens successifs. On y voit ce que peut la volonté de l'homme aux prises avec les obstacles que la nature avait accumulés. Les Hollandais ont reconquis leur sol sur la mer ; les gens de Liverpool ont forcé la mer à venir à eux. L'embouchure de la Mersey forme une espèce de mer intérieure, dont les sables obstruent le lit, où les navires, à marée haute, sont battus par les vents et par les vagues, et où la marée basse les laisse à sec sur la vase, en retirant tout à coup vingt à trente pieds d'eau. Pour obvier à ces dangers, il fallait creuser des bassins qui pussent s'ouvrir à marée haute, se fermer à marée basse, et offrir aux navires un niveau constant. Voilà le problème que l'on résolut à Liverpool, dès l'année 1699, en ouvrant le premier dock humide que l'Angleterre eût encore possédé. Le second bassin fut inauguré en 1748, et en 1800, lorsque Londres n'avait pas encore de docks, ceux de Liverpool occupaient un espace de 45 acres, dont l'étenduc est aujourd'hui plus que doublée.

Le système des docks ou bassins flot est le plus notable perfectionnement que l'on ait apporté à la manutention des marchandises dans les ports de l'Océan. Le commerce de Liverpool a dû à cette découverte, dont il avait tout l'honneur, ses premiers succès et son ascendant définitif. Les docks économisant la main-d'œuvre pour le chargement et pour le déchargement des navires, les armateurs ont dirigé de préférence leurs cargaisons vers le port qui leur offrait ces facilités. L'admirable position de Liverpool a fait le reste. La Mersey devenant praticable, les vaisseaux de toutes les parties du monde y ont afflué.

Il faut dire cependant que, si les habitans de Liverpool ont inventé les docks commerciaux, ils ne paraissent pas s'être beaucoup inquiétés d'en améliorer l'économie. A Londres, un dock n'est pas seulement un bassin à niveau fixe, entouré de quais qui permettent de charger et de décharger les navires sans difficulté ; c'est en même temps un lieu de dépôt et d'entrepôt. Des magasins spacieux et à plusieurs étages, surmontant les quais, reçoivent les marchandises à mesure que les vaisseaux les apportent ; ils servent à les classer et les retiennent sous clé. La compagnie qui administre le dock donne au propriétaire des marchandises un récépissé ou titre de garantie (warrant) que celui-ci transmet à l'acheteur par voie d'endossement. Les sucres, les cafés, les indigos, les cotons, se monnoient ainsi, et, transformés en billets de banque, ces produits d'un autre hémisphère entrent dans la circulation. Les achats et les ventes, qui exigeaient auparavant la livraison des marchandises, s'opèrent par la simple transmission des titres. Le crédit commercial devient quelque chose de semblable au crédit en matière de banque, et les opérations quotidiennes dune grande place peuvent se liquider par des soldes entre les mains des courtiers.

Ce n'est pas tout ; le commerçant qui laisse ses marchandises dans les docks n'a besoin ni de louer des magasins immenses, ni d'avoir de nombreux commis, ni d'entretenir une armée de portefaix. La compagnie des docks reçoit, vérifie et enregistre pour lui. Il lui suffit donc d'avoir un comptoir dans la Cité, et de conserver par des écritures courantes la trace de ses opérations. Moyennant de légers droits payés à la compagnie, il est dégagé de tous soins, de toute responsabilité, et n'a plus à songer qu'au bon emploi de ses capitaux. La marchandise, en outre, n'étant plus exposée au déchet qui est la conséquence inévitable de plusieurs transports successifs, se conserve beaucoup mieux. En la faisant passer immédiatement de l'entrepont du navire dans les magasins du dock, on la met à l'abri des déprédations sans nombre des batteurs de quais et des rôdeurs de rivière. L'économie annuelle que le commerce de Londres a réalisée, de ce seul chef, par l'établissement des docks, est évaluée à 400,000 liv. sterl. (plus de 10 millions de francs).

Les docks de Liverpool n'offrent aucun de ces avantages. Comme le port de Marseille et comme les bassins du Havre, ils demeurent à l'état brut ; ils sont aujourd'hui ce qu'ils étaient il y a cent quarante ans. A Liverppol, le déchargement et le dépôt dans les magasins forment deux opérations distinctes. Les docks les plus récens ont des hangars, couverts sous lesquels on dépose provisoirement les marchandises, lorsqu'on les enlève des navires, ou au moment de les charger sur les vaisseaux ; mais les magasins sont des propriétés particulières, de vastes maisons à six ou sept étages situées généralement le long du fleuve et parallèles aux docks, avec lesquels elles communiquent par des chemins de fer. Il en résulte une perte notable de temps et d'assez fortes dépenses de main-d'œuvre, sans compter la nécessité d'un personnel nombreux dans les maisons de commerce, avec tous les embarras qu'amène le maniement des cargaisons. Ajoutez que le système des titres de marchandises ou warrants est inconnu sur la place de Liverpool, qui se trouve privée par là d'un moyen réel de crédit.

A Londres, les docks ont été construits par des compagnies qui avaient intérêt à concentrer dans ces établissemens la manutention des marchandises, et qui offraient aux marchands en garantie leur crédit ainsi que leur responsabilité. A Liverpool, c'est la corporation municipale qui en a fait les frais, voulant mettre en valeur des terrains qui lui appartenaient en tant que pouvoir public, mais évitant en même temps de déprécier des magasins qui étaient la propriété particulière de ses membres. Ces propriétés sont considérables ; M. Flachat, dans un article du Dictionnaire du Commerce, les évalue à 41 millions de francs. L'institution des docks rencontre les mêmes obstacles au Havre et à Marseille, où elle a également pour adversaires les propriétaires de magasins cantonnés dans les chambres de commerce et dans les conseils municipaux.

Liverpool est peut-être à la veille d'expier l'égoïsme de ses magistrats. En face de la ville et sûr l'autre rive de la Mersey, les commissaires de Birkenhead se disposent à creuser un vaste dock où l'eau couvrirait un espace de 167 acres et qui pourrait recevoir les plus grands vaisseaux. Tous les docks de Liverpool réunis n'ont pas 107 acres d'étendue. Les dépendances de ce bassin offriraient des emplacemens commodes tour déposer les marchandises, et, aussitôt que le capital de construction serait amorti, les navires pourraient y entrer sans payer de droits. Assurément, si les entrepreneurs du dock de Birkenhead se flattaient d'attirer de l'autre côté de la Mersey le mouvement commercial dont Liverpool est le centre, un pareil projet pourrait passer pour un rêve ou pour une folie. On ne déplace pas en un jour des relations qui ont mis un siècle et demi à se former, et les grands marchés, quels que soient les inconvéniens de leur situation, appellent nécessairement les marchandises, les hommes ainsi que les capitaux. Mais un dock à Birkenhead, étant placé au pied du chemin de fer qui va à Chester, de Chester à Crewe, et de Crewe à Birmingham, aurait des chances pour devenir l'entrepôt des produits qui seraient dirigés du centre et du sud de l'Angleterre sur Liverpool, ainsi que des provenances exotiques destinées aux comtés de l'intérieur. Cet établissement se trouverait, tout aussi près de Liverpool que les docks des Indes occidentales le sont de Londres ; car ; en quelques minutes et pour 3 d., des bateaux à vapeur transportent les passagers du quai voisin de la douane à Birkenhead, et les grands négocians de Liverpool habitent presque tous, dans la belle saison, des maisons de campagne situées non loin de cette petite ville, dans l'isthme formé par les deux rivières de la Dee et de la Mersey.

La création des docks ne suffit pas pour expliquer les accroissemens de Liverpool. On en trouve surtout la raison dans l'habileté Vraiment merveilleuse avec laquelle ses habitans ont su constamment s'accommoder aux circonstances et en tirer parti. Les moyens qu'ils employèrent ne furent pas toujours de ceux que la morale avoue. Au XVIIIe siècle, voyant le commerce des colonies acquis à Londres et à Bristol, ils se mirent à faire la traite, et, de 1750 à 1770, transportèrent plus de trois cent mille esclaves, avec un profit net de 200 millions [5]. Plus tard, ils attirèrent à eux le commerce des États-Unis, qu'ils monopolisent aujourd'hui. Enfin, le commerce de l'Angleterre avec l'Irlande s'est presque entièrement concentré ç Liverpool depuis l'acte d'union.

Les négocians de Liverpool continuèrent la traite, même après le bill de Wilberforce ; mais les maisons les plus considérables et les plus considérées cessèrent de tremper dans ces odieuses spéculations. Si j'en crois des accusations dont la presse anglaise a retenti, des capitalistes de Liverpool sont encore aujourd'hui intéressés dans la traite qui se fait, avec un redoublement d'activité, sous le pavillon brésilien ou portugais. Quant au commerce des denrées coloniales, auquel cette ville prit part par la force des choses, il est resté à peu près stationnaire depuis trente ans [6], et roule, en y comprenant le thé, sur une valeur annuelle de 90 à 100 millions.

Des rapports stationnaires sont par compensation des rapports solides. Liverpool ne raffine pas, comme Londres, pour l'exportation, et n'approvisionne que les villes de l'intérieur qui rayonnent autour d'elle ; le commerce du sucre y est ainsi beaucoup moins affecté par les variations des cours. Joignez à cela que les planteurs des Indes occidentales, ayant été indemnisés par le parlement pour prix de l'émancipation de leurs esclaves, ont pu rembourser leurs créanciers dans les ports de mer, et que ceux-ci, ayant recouvré les avances faites aux producteurs, sont aujourd'hui dans une bien meilleure position pour accorder du crédit au consommateur.

Le commerce du sucre, qui est déjà une branche importante du trafic extérieur, paraît cependant susceptible d'un grand accroissement. En effet, bien que la consommation de cet article soit aujourd'hui, à peu de chose près, ce qu'elle était il y a douze ans, elle se trouve avoir réellement diminué, si l'on tient compte du mouvement de la population. En 1831, la proportion était de 20 liv. 11/100 par tête ; elle n'était plus en 1840 que de 15 liv. 28/100, et ne s'est pas relevée depuis. Cette réduction dans les quantités consommées tient la cherté du sucre. Les colonies anglaises ont le monopole du marché métropolitain, où un droit différentiel de 39 shillings par quintal, droit qui équivaut à la prohibition la plus absolue, les protège contre la concurrence du sucre étranger [7]. Il en résulte que, dans les années où la récolte est mauvaise aux Antilles, et où les quantités produites sont inférieures aux besoins de la consommation, le prix du sucre colonial s'élève en Angleterre jusqu'au taux qui limite l'importation du sucre étranger. Par contre, la cherté de cette denrée en restreint l'usage. Lorsque la consommation était de 20 livres par tête, le quintal en entrepôt valait 23 shillings ; pour la réduire 15 livres par tête, il a fallu le prix exagéré de 49 shillings par quintal.

En attendant que l'Angleterre ouvre ses ports aux sucres du Brésil et de Cuba, comme le voulait le ministère whig, une véritable révolution se fait dans ses approvisionnemens coloniaux. Les Antilles anglaises, dont les produits dominaient presque exclusivement le marché, cèdent peu à peu la place aux provenances de l'Inde britannique. En 1815, les sucres de l'Inde ne figuraient dans les importations que pour 43,041 quintaux. En 1824, les quantités importées s'élèvent à 152,673 quint., pour retomber en 1836 à

110,222 q. Cette même année, les provenances de l'Inde orientale sont mises sur le même pied que celles des Indes occidentales, et le droit réduit de 32 à 24 shil. Aussitôt les importations augmentent : elles sont de 270,055 quintaux en 1837, de 418,375 quintaux en 1838, de 477,252 quintaux en 1839, de 518,320 quintaux en 1840, et de 1,239,728 quintaux en 1841. Les sucres des Antilles au contraire, dont les quantités importées avaient dépassé le chiffre de 3,500,000 q., n'ont contribué à la consommation de 1841 que pour 2,145,500 q.

Au rebours du commerce colonial, qui est pour ainsi dire immobile à Liverpool, le commerce de cette ville avec les États-Unis a essuyé les plus brusques et les plus étranges variations. Dès 1833, un des négocians les plus expérimentés, M. John Ewart, interrogé par le comité de la chambre des communes, avait fait remarquer que le commerce américain à Liverpool changeait continuellement de mains. Depuis cette époque, deux crises terribles sont survenues, la première, due à la faillite générale des banques aux États-Unis, et aggravée par la mauvaise foi de quelques-uns de ces états, qui, après avoir emprunté l'argent des capitalistes anglais [8], ont cessé de servir l'intérêt de ces emprunts ; la seconde, causée par l'augmentation que le congrès vient d'opérer dans les tarifs de douanes pour favoriser les manufactures naissantes de la Pennsylvanie, du Massachusetts et de New-York. Le tableau suivant, qui présente le chiffre des exportations de l'Angleterre aux États-Unis pendant seize ans, peut faire juger de l'étendue des catastrophes commerciales qui ont été le contre-coup de ces reviremens.

1827.	7,018,272 liv. st.	1835.	10,568,455 liv. st.
1828.	5,810,315	1836.	12.425,605
1829.	4,823,415	1837.	4,695,225
1830.	6,132,316	1838.	7,585,760
1831.	9,053,583	1839.	8,839,204
1832.	5,468,272	1840.	5,283,020
1833.	7,579,699	1841.	7,098,642
1834.	6,844,989	1842.	3,528,807

Ainsi, en seize années le commerce d'exportation que fait l'Angleterre avec les États-Unis a eu trois périodes ascendantes et trois périodes décroissantes. Il est descendu au-dessous de 5 millions sterling en 1829, pour remonter à 9 millions en 1831 ; puis il est retombé au-dessous de 6 millions ; pour s'élever ensuite à plus de 12 millions dans l'année 1836, chiffre qui a été son point culminant. En 1837, nouvelle chute, les exportations se réduisent des deux tiers. En 1839, on les voit encore à près de 9 millions ; en 1842, elles ne sont plus que de 3 millions et demi : en sorte que ces relations, qui embrassèrent un moment 23 pour 100 du commerce extérieur de l'Angleterre, y entrent à peine aujourd'hui dans la proportion de 7 à 8 pour 100.

On peut dire que la Grande-Bretagne tout entière est semée des ruines de ce commerce. Il n'y a pas une ville industrielle qui n'ait essuyé des pertes dans ses relations avec l'Amérique, ou qui ne souffre de l'interruption de ces rapports. J'ai vu à Birmingham des manufactures que la dernière crise a fait fermer depuis un an. Mais Sheffield, Glasgow, Manchester et les fabriques des environs ont été particulièrement frappés. En général, la diminution du commerce avec l'Amérique a porté sur les tissus ; d'une année à l'autre, l'exportation de ces articles s'est trouvée réduite ici de 50, là de 75 pour 100. En voici la preuve :

1841 1842.
Quincaillerie et coutellerie 58,400 liv. st.   298,881 liv. st.
Fer et acier 626,532   394,854
Fils et tissus de coton 1,515,933 487,276
Fils et tissus de lin   1,232,247 463,645
Fils et tissus de laine 1,549,926 892,235
Tissus de soie.   306,757   81,243

Si Liverpool n'avait été que le facteur, en quelque sorte, des distincts manufacturiers, si les négocians de cette ville s'étaient bornés au commerce de commission, ils n'auraient éprouvé, dans la crise américaine, d'autre dommage que celui de voir diminuer la somme de leurs affaires ; mais Liverpool a été pendant dix ans une espèce de banque commanditaire à l'usage de toutes les industries qui expédiaient leurs produits au dehors, et cette ville, s'était associée à leurs opérations, a partagé nécessairement les désastres qui en sont résultés Tout fabricant de Manchester, de Leed ou de Birmingham, qui consignait à un expéditeur de Liverpool des marchandises destinées à l'exportation, recevait sur le produit de la vente des avances qui représentaient communément les deux tiers de la valeur. Cet argent servait à fabriquer de nouveaux produits et tant que le commerce était prospère, les marchandises se vendant, on renouvelait les crédits ; l'impulsion, une fois donnée, ne s'arrêtait plus. Toutefois, au moindre engorgement qui se déclarerait sur le marché extérieur, les crédits devaient s'arrêter, et la production avec les crédits ; puis ; s'il arrivait que la crise se prolongeât, les avances pouvaient être compromises. Voilà ce qui a causé de nombreuses faillites à Liverpool.

Le commerce de Liverpool avec l'Irlande, passe aujourd'hui en importance celui que fait cette ville avec toutes les autres contrées réunies. Les exportations de l'Irlande en Angleterre s'élèvent annuellement à 20 millions sterling, et les importations au moins à la moitié de cette somme. Ces expéditions se partagent entre Glasgow, Liverpool, Bristol et Londres ;

mais Liverpool en reçoit la plus grade partie. Dans l'enquête de 1833, les produits que l'Irlande importe Liverpool étaient évalués à 4,500,000 livres sterling (115 millions de francs). Ils dépassent probablement aujourd'hui 6 millions sterling. Sans parler de 8 à 900,000 quarters de blé et d'avoine, ainsi que d'une énorme quantité de beurre, de bœuf salé et de porc salé, Liverpool a reçu de l'Irlande, en 1839, 171,000 bœufs et vaches, 280,000 moutons ou agneaux, 390,000 porcs et 6,108 chevaux ou mules, qui représentaient ensemble une valeur de 85 millions de francs. Manchester et les villes qui forment comme une pléiade de satellites autour de Manchester vivaient auparavant sur les produits agricoles du comté d'York ; elles tirent aujourd'hui leurs approvisionnemens de l'Irlande. Pendant que l'agriculture écossaise nourrit Londres, l'Irlande nourrit le Lancashire, contrée peu fertile, et que la nature semble avoir destinée aux manufactures en ne lui prodiguant que les dépôts de houille et les eaux.

Le commerce des bestiaux à Liverpool ne remonte pas à plus de vingt années ; il est entre les mains des négocians les plus respectables, et donne lien à un immense mouvement de transports. Mais l'Irlande, en expédiant les produits de son sol, exporte aussi sa population surabondante et qu'elle ne peut pas nourrir. Liverpool, qui n'était d'abord qu'une étape entre l'Angleterre et l'Irlande, devient ainsi peu à peu une ville irlandaise. La race saxonne, il est vrai, se maintient dans les régions supérieures et dans les classes moyennes de la société ; la race celtique envahit les régions inférieures et en expulse les ouvriers anglais en offrant ses services à un plus bas prix. On compte déjà plus de 70,000 Irlandais à Liverpool ; ils y arrivent par bandes, pâles de faim et à demi couverts de sales haillons [9] ; ils s'emparent du port, où les chargemens et les déchargemens se font par leurs mains avec une surprenante rapidité, et leur nombre augmente d'année en année.

La fortune de Liverpool vient surtout du coton. Le coton a été le principe de ses relations avec les États-Unis et avec l'Irlande ; c'est le coton qui lui a valu sa clientèle de consommateurs au dedans et au dehors. En 1784, les officiers de la douane à Liverpool saisirent huit balles de coton sur un vaisseau américain, ne pouvant pas croire que ce coton fût un produit des États-Unis [10]. Aujourd'hui les États-Unis expédient en Europe onze à douze cent mille balles de coton, dont la Grande-Bretagne absorbe plus des deux tiers, et la France un peu moins d'un quart.

Liverpool est le grand marché du coton, non-seulement pour l'Angleterre, mais pour l'Europe. Les manufactures de la Belgique et souvent celles de la France viennent y chercher la matière première, qui est généralement cotée à plus haut prix sur les marchés de second ordre, tels que le Havre, Hambourg et Rotterdam. En 1833, sur une importation de 930,000 balles, Liverpool en reçut 840,950, Londres 40,350, et Glasgow 48,913. La proportion n'a pas cessé de s'accroître, et les cotons en laine importés à Liverpool ont été de 839,285 balles en 1834, de 968,279 en 1835, de 1,022,871 en 1836, de 1,034,000 en 1837, de 1,330,430 en 1838 [11]. Enfin, ce qui décide la supériorité de cette place, on y trouve constamment 200 à 300,000 balles de coton en entrepôt, qui assurent la régularité des cours contre toute spéculation.

Au reste, quelles qu'aient pu être les vicissitudes qui aient troublé les relations de l'Angleterre avec l'Amérique, les importations et les exportations de la manufacture de coton dans la Grande-Bretagne n'ont pas éprouvé une dépression aussi considérable qu'on le croit. Le tableau suivant atteste au contraire, dans cette branche du commerce extérieur, une assez grande fermeté.

	IMPORTATIONS	IMPORTATIONS	EXPORTATIONS	
Années	Coton en laine	Coton filé	Tissus de coton	Total
	liv. st.	liv. st.	liv. st.	liv. st.
1832	286,832,525	4,722,759	12,675,633	17,398,392
1833	303,656,837	4,704,026	13,782,377	18,486,403
1834	226,875,425	5,211,015	15,302,571	20,513,586
1835	363,702,963	5,706,589	16,421,715	22,128,304
1836	406,959,057	6,120,366	18,511,692	24,632,058
1837	407,286,783	6,956,942	13,640,181	20,596,123
1838	507,850,577	7,431,869	16,715,857	24,147,726
1839	389,396,559	6,858,193	17,692,182	24,550,375
1840	592,488,010	7,101,308	17,567,310	24,668,618
1841	437,093,631	7,266,968	16,232,510	23,499,478

Ainsi, le progrès de ce commerce est constant. Si l'on compare les années 1836, 1837 et 1838 aux années 1839, 1840 et 1841, on trouve que l'importation des cotons en laine s'est accrue, dans la dernière période, de 100 millions de livres, et que l'accroissement a été de 1/20me pour l'exportation des cotons filés ainsi que des tissus. Sans doute, le mouvement des exportations en 1842 est inférieur, de 28 à 29 millions de francs, à celui de 1841 ; mais peut-on considérer comme un accident très sérieux dans le régime de la production britannique un ralentissement qui équivaut à peine à 1/24me des produits exportés, et à 1/60me des valeurs, totales que cette manufacture jette chaque année dans la circulation ?

Grace à l'étendue et à la solidité de l'industrie manufacturière, qui fait la base de ses opérations, la prospérité de Liverpool n'a pas éprouvé de temps d'arrêt. Cette richesse a continué de s'accroître, alors même que le mouvement commercial de l'Angleterre diminuait. On s'en convaincra en comparant les recettes de la douane à Londres et à Liverpool depuis quarante ans.

LONDRES   LIVERPOOL

1800. 5,663,704. liv. st.   1,058,578 liv. st.

1810. 8,473,207 2,675,766

1826. 10,291,877   3,087,651

1832. 9,334,299 3,925,062

1838. 12,156,279   4,450,326

1840. 11,116,685   4,607,326

Le commerce de Liverpool s'est accru des dépouilles de Bristol et de Londres. La décadence de Bristol paraît surtout frappante. En 1831 la recette des douanes dans ce port était de 1,161,976 livres slerl. : en 1837, elle n'était plus que de 1,112,812 l.st., et de 1,027,160 l. st. en 1840. Bristol a fait cependant les efforts les plus énergiques pour rappeler les jours de son ancienne splendeur. Pour mettre son port en communication avec Londres, et pour le rattacher aux comtés méridionaux de l'Angleterre, ses négocians ont entrepris, avec le concours des capitalistes de la métropole, un gigantesque chemin de fer, qui n'aura pas coûté, avec ses annexes, moins de 200 millions de francs. Ils ont construit encore, pour desservir les communications de la Grande-Bretagne avec les États-Unis, des paquebots à vapeur qui ne le cèdent pas à ceux de Liverpool. Malgré ces tentatives et bien que Bristol soit placé, dans la mer d'Irlande, plus près que toute autre place de l'Atlantique et du continent, le commerce, qui a déserté ce port, n'en reprend pas le chemin.

Le même déplacement s'est opéré en France, depuis la paix, entre Bordeaux et le Havre. Bordeaux, que ses relations avec les Antilles avaient si long-temps fait prospérer, languit aujourd'hui, et descendrait au rang de Nantes ou de Cette, sans l'aliment que ses vins fournissent à l'exportation. Le Havre, au contraire, qui n'était rien avant 1814, a pris une grande extension aussitôt que les manufactures de la Normandie, de la Picardie et de la capitale lui ont ouvert de nouveaux débouchés.

L'histoire de Liverpool est celle du Havre sur une plus grande échelle ; c'est un champ que le souffle de l'industrie manufacturière a fécondé. Il n'y a pas au monde une position commerciale plus magnifique. Dans un rayon de trente à trente-cinq lieues de cette ville, on rencontre : les mines inépuisables de Northwich, dans le comté de Chester, qui fournissent la plus grande partie des 250,000 tonneaux. de sel exportés par l'Angleterre ; les poteries du comté de Stafford, dont l'exportation s'est élevée au-dessus de 20 millions de francs ; Birmingham et les forges des environs ; Nottingham, Derby et Leicester, où se fabrique la bonneterie ; Sheffield, siège de la coutellerie et de la quincaillerie ; Leeds, Bradford et Halifax, où se fabriquent les draps et étoffes de laine, et qui en exportent pour 125 a 150 millions ; Manchester, Stockport, Oldham, Bolton, Rochdale et Preston, pour les filés et les tissus de coton ; des mines de houille dans toutes les directions ; enfin, les ports de l'Irlande pour les approvisionnemens en grains et en bétail.

Liverpool a un autre avantage sur le Havre. Ce dernier port ne communique avec Rouen et avec Paris que par la Seine, dont la navigation est encore l'état de nature. Liverpool a un double système de canaux et de chemins de fer qui lui donne, dans ses relations avec toutes les cités industrielles, la célérité pour les personnes, et le bon marché pour les produits. Le canal de Leeds et Liverpool, qui se jette dans la Mersey au nord de Liverpool, joint cette ville à Leeds. Le Grand-Trunk canal, qui débouche dans la Mersey à Runcorn, comté de Chester, fait communiquer Liverpool avec le district des poteries et les comtés de l'intérieur (midland counties) ; un court embranchement le relie à Birmingham. Le canal de Bridgewater, en établissant la communication de Liverpool avec Manchester, rattache à ce port le système de canaux dont Manchester est le centre, et qui rayonne vers toutes les villes des environs jusqu'à Sheffield.

Le premier canal exécuté dans la Grande-Bretagne avait été construit, vers la fin du XVIIIe siècle, pour joindre Manchester à Liverpool ; c'est encore entre ces deux villes qu'a été établi, au XIXe siècle, le premier chemin de fer. Mais ce qui montre bien la différence des deux époques, il avait fallu, en 1761, l'intervention d'un membre éminent, de l'aristocratie du duc de Bridgewater, pour exécuter le canal ; ce fut une association de capitalistes qui entreprit, en 1825, le chemin de fer. Depuis, Liverpool est resté le marché principal des valeurs représentées par les chemins de fer ainsi que par les canaux. Les grands manufacturiers et les grands commerçans font ainsi le plus admirable usage de leur fortune. Le capital qui s'est accumulé dans leurs mains contribue à couvrir le pays de ces voies rapides de communication qui égalent le mouvement à la pensée.

A Manchester, la grande affaire, c'est le travail ; à Liverpool, c'est le crédit. La Banque d'Angleterre a établi un comptoir à Liverpool ; mais on y compte plus de neuf banques par actions, qui toutes émettent des billets au porteur. Les usages, en matière de crédit, sont d'une extrême libéralité. Les termes de paiement, après livraison des marchandises, sont généralement de quatre mois, et Liverpool est peut-être la seule ville où les commissionnaires expéditeurs fassent de larges avances sur les marchandises destinées à l'exportation.

Le véritable, le grand commerce à Liverpool est le commerce de commission. Les négocians qui s'y livrent ont des correspondans et souvent même des agens dans toutes les parties du globe ; ce sont eux qui recueillent et qui transmettent à leurs cliens les renseignemens les plus étendus sur les faits commerciaux, des renseignemens tels qu'un gouvernement, avec sa hiérarchie de fonctionnaires, pourrait rarement les fournir. La science elle-même ne dédaigne pas de puiser à cette source. C'est ainsi que M. Mac'culloch a emprunté, à une circulaire de la maison Jee et frères, les détails qu'il publie dans son dictionnaire sur les importations de Liverpool, de 1833 à 1838.

La navigation de Liverpool n'a pas une importance proportionnée celle de son commerce. En 1835, les vaisseaux appartenant à ce port étaient au nombre de 996, montés par 11,511 matelots. Une place relativement secondaire, Newcastle, en possédait près de 1,100. Cela vient de ce que les ports d'expédition ne sont pas toujours le ports d'armement. La main d'œuvre est trop chère à Liverpool pour que les constructeurs y établissent tous leur chantiers. On construit principalement dans cette ville des bâtimens à vapeur, genre de travail qui exige de puissans appareils, et qui ne convient qu'aux grands ateliers. Ajoutons qu'une bonne partie des transports se font par navires étrangers ; les cotons, par exemple, arrivent dans des vaisseaux américains. La proportion des marchandises transportées par navires étrangers, qui était à Londres de 27 pour 100 en 1840, a été de 45 pour 100 à Liverpool.

La navigation a la vapeur rétablira la balance. Elle prend aujourd'hui dans la Mersey la même extension que dans la Tamise. Le port de Liverpool compte, plus de 80 bateaux à vapeur. Ces paquebots continuent les chemins de fer qui unissent Liverpool à Birmingham, à Londres, à Leeds et à Lancaster. Ils abordent l'Irlande par trois points, Dublin, Kingstown et Belfast, le nord de l'Angleterre par Whitehaven, l'Écosse par Glasgow, et mettent l'Angleterre en communication avec les États-Unis, le Portugal, Gibraltar, et les pays riverains de la Méditerranée. C'est un incessant va et vient d'hommes et de marchandises. Plus de deux mille personnes quittent chaque jour Liverpool par les chemins de fer et par les bateaux à vapeur. Autant arrivent des villes de l'Angleterre ou du dehors. A peine un paquebot a-t-il débarqué ses passagers sur le quai, qu'un autre l'accoste, et vous voyez fumer à l'horizon la cheminée de quelque bateau à vapeur qui va dans dix minutes prendre la place de celui-ci. A l'intérieur, les hôtels destinés à recevoir les voyageurs sont en plus grand nombre et plus fréquentés que dans aucune autre cité. Après Londres, il n'y a pas de ville où l'on rencontre des boutiquiers plus riches et des magasins plus brillans. Liverpool est l'emporium de la Grande-Bretagne à l'occident, ainsi que Londres à l'orient.

Les progrès de Liverpool et la relation de ces progrès avec le développement des manufactures ne sont pas en Angleterre des faits d'exception. Ils représentent au contraire l'accroissement du commerce britannique, en même temps qu'ils expliquent les causes de sa grandeur. Arrêtons-nous un moment à considérer cet imposant spectacle. On dit qu'en voyant les cuirassiers de Montbrun entrer à cheval et par la brèche dans la redoute de Borodino, que les Russes avaient défendue avec tant d'acharnement, un officier anglais, qui assistait en amateur à cette boucherie, oublia, dans le transport de son admiration, les horreurs du lieu et la chaleur du combat pour s'écrier : « Bravo ! Français ; voilà des choses qu'on ne voit qu'un fois dans sa vie. » Et nous aussi, nous pouvons mettre de côté les rivalités de la guerre et celles de l'industrie, pour battre franchement des mains à cette expansion d'un génie commercial qui a rendu tributaires toutes les nations. Il y a dans le grand et dans le beau une puissance sympathique qui s'empare de l'esprit en dépit de lui-même, et qui fait sentir à l'homme qu'il appartient à l'humanité avant d'appartenir à son pays.

Lorsque l'Angleterre, humiliée et vaincue, se vit contrainte de ratifier l'émancipation de ses colonies d'Amérique, qui n'aurait cru à l'inévitable et prochaine décadence de cette contrée ? C'est l'époque de laquelle date l'ascendant qu'elle a pris sur le monde. Alors le génie national, se repliant sur lui-même, enfanta des prodiges. Les découvertes dont le germe s'annonçait déjà, dès 1769, dans les premiers essais de Wyat, d'Arkwright, de Hargreaves, de Crompton, de Watt et de Cartwright, atteignirent leur point de maturité. Le métier à filer et la machine à vapeur ouvrirent des espaces sans bornes à l'énergie de la production. Un statisticien éminent, M. Porter, rapporte à la même cause les succès militaires du gouvernement anglais [12].

Tout concourut à ce développement sans exemple, et la pratique marcha du même pas que la théorie. Tandis qu'Adam Smith enseignait les vrais principes de l'économie politique, que Brindley propageait les voies artificielles de communication, et que Pitt entrait, par la porte de la banqueroute, dans la route du crédit, une race d'hommes entreprenans et infatigables quittait la charrue, à la voix des Strutt et des Peel, pour élever ce vaste édifice des manufactures qui sont les communautés d'un siècle industriel. Le coton, la laine, le lin, le fer et la houille, tout devint matière à travail. Les habitans se multiplièrent avec les moyens de subsistance ; mais l'industrie, et par conséquent le commerce, devancèrent la population dans leurs progrès.

En 1801, la population de l'Angleterre et de l'Écoss réunies était de 10,942,646 habitans ; en 1841, elle s'élevait à 18,535,786 habitans, ce qui représente un accroissement de 69 pour 100 en quarante ans. Aucune contrée en Europe n'a vu sa population monter avec cette rapidité. Selon M. M'Culloch, le commerce extérieur de la Grande-Bretagne, en y comprenant les importations et les exportations, ne s'élevait, au commencement du XVIIIe siècle, qu'à 12 millions sterl. par année. En 1792, le mouvement commercial était déjà de 35 millions. En 1801, il atteignait 71 millions, et 118 millions en 1841. Dans la première période, l'augmentation avait été de 192 pour 100 ; dans la seconde, de 103 pour 100, et dans la troisième, de 66 pour 100 ; 118 millions sterl. équivalent à 3 milliards de notre monnaie. Les États-Unis seuls ont égalé ce prodigieux déploiement de l'industrie anglaise ; dans la période de 1801 à 1836, leur commerce extérieur s'est élevé de 32 millions sterling à 61.

Ainsi, pendant que la révolution française élaborait : es idées, les lois et les méthodes de gouvernement qui devaient plus tard régir l'Europe, les Anglais domptaient la matière et découvraient en quelque sorte le monde industriel. Aujourd'hui, l'Europe entière vit de leurs procédés ainsi que de nos opinions. Une émulation qui par malheur est bien voisine de l'envie, tient tous les peuples en éveil.

C'est à qui fabriquera du fer, des machines, des fils et des tissus. On emprunte à l'Angleterre ses machines ; on lui dérobe ses inventions et jusqu'à ses ouvriers, et l'on repousse en même temps ses produits du marché européen, dont chaque nation prétend se réserver une parcelle privilégiée à l'aide des tarifs protecteurs.

Dans cette lutte insensée, l'Angleterre a pu éprouver temporairement quelque gêne et quelque malaise ; mais la supériorité de ce peuple, en matière d'industrie, repose sur des bases trop solides pour que la concurrence extérieure puisse l'ébranler. L'accumulation des capitaux, l'expérience des manufacturiers, l'habileté des ouvriers, le bas prix du fer et l'abondance du charbon sont des élémens de succès qui garderont leur poids. La Providence n'a pas voulu que toutes les nations produisissent toutes choses ; elle a divisé le travail entre les peuples, afin de faire régner entre eux l'harmonie. C'est une vérité contre laquelle ne prévaudra ni l'égoïsme de quelques intérêts particuliers, ni l'aveuglement des préjugés nationaux.

Léon Faucher.

NOTES

[1] Officina gentium, comme dit Tacite.

[2] Past and present state of Lancashire.

[3] Camden's survey.

[4] Past and present state of Lancashire.

[5] Dictionnaire du Commerce, article Liverpool.

[6] Enquête de 1833 sur le commerce ; interrogatoire de M. J. Ewart.

[7] Le droit sur le sucre colonial est en Angleterre de 24 shillings, par quintal, et le droit sur le sucre étranger de 63 shillings. Le ministère Melbourne avait proposé de réduire la taxe du sucre étranger à 34 shillings.

[8] En 1839, suivant les calculs de M. Stokes, les capitalistes anglais avaient engagé dans les emprunts américains 25 millions de livres sterling.

[9] « They look very rniserable, badly clothed and of sallow conplexion. » (Interrogatoire de M. John Ewart)

[10] Baine's history of cotton manufacture.

[11] Mac-Culloch's commercial Dictionnary.

[12] « It is to the spinning-jenny and the steam engine that we must look as the true moving powers of our fleets and armies. » (Porter, Proqress of

the Nation, t. I.)

LIVERPOOL – II

L'aspect de Liverpool ne rappelle celui d'aucune autre ville maritime. Ce n'est ni un port extérieur (out-port) caché dans quelque repli de la côte, ni un de ces ports intérieurs que forme l'estuaire des grands fleuves. Liverpool tient encore à la Mersey, et touche presque à l'Océan. Au point de jonction des eaux se dresse une batterie, la seule défense qui protége tant de richesses accumulées. Il semble que ces canons ne soient là que pour la forme, et que l'on ne puisse plus croire à la guerre quand on a retiré de tels avantages de la paix. La ville, vue du rivage, est assise en amphithéâtre sur la pente d'une colline. La rivière est comme l'arène de ce cirque commercial, le grand chemin de la navigation sur lequel, au milieu des vaisseaux qui entrent et de ceux qui sortent, la scène change à chaque instant. Au premier plan, l'on aperçoit, les docks, longue ligne de bassins bordés de granit et parallèles au fleuve. Là se pressent, chacun à son rang, les navires de long cours, les bateaux à vapeur et les bâtimens du cabotage. Leurs mats innombrables, chargés de voiles et de cordages, forment une sorte de rideau derrière lequel s'agite en bon ordre l'essaim des spéculateurs et des ouvriers.

En face des docks s'élèvent de vastes maison à six ou sept étages qui occupent les quais et les rues adjacentes ; c'est là que sont déposées les marchandises, au sortir des vaisseaux. Un peu plus haut, on rencontre la bourse et la douane, lieux de réunion et de contrôle, auxquels aboutissent les principales artères de la cité, et où, pendant quelques heures de la journée, on brasse les affaires par millions. Vers le milieu de la ville, et devant le splendide portique du chemin de fer, se dressent deux moulins à vent qui semblent être restés là pour marquer les anciennes limites de Liverpool. Le chemin de fer descend jusqu'à Lime-Street par un tunnell qui porte les voyageurs au centre des quartiers du luxe et des affaires ; un autre tunnell, qui traverse toute la ville, conduit les marchandises jusqu'au dock du Roi (King's-Dock). Au nord de la ville sont les usines, les rues habitées par la populace, et la prison ; à l'est, sur la hauteur, la maison de charité et les hôpitaux. La partie méridionale de la ville, habitée au commencement du siècle par les riches marchands, est aujourd'hui presque déserte ; les boutiques et le tumulte, gagnant les rues hautes à mesure que la population augmentait, les en ont chassés. Ils ont transporté leur domicile dans les campagnes des environs. Les négocians passent à Liverpool cinq à six heures de la journée ; ils y tiennent leurs comptoirs, comme font les capitalistes de Londres dans la Cité. Mais c'est hors de la ville qu'ils vont respirer et vivre. Insensiblement la classe moyenne en Angleterre, à l'exemple de l'aristocratie, émigre ainsi vers les champs. Les villes, abandonnées aux classes inférieures, deviennent l'asile exclusif d'une infime et turbulente démocratie.

Les monumens de Liverpool sont ses docks et ses ouvrages hydrauliques, dont l'entretien annuel exige une dépense de 2 millions ; Il n'y faut chercher ni temples magnifiques, ni théâtres, ni musées. Les maîtres de cet immense marché sont des parvenus de la veille, qui n'ont pas eu le temps de contracter les goûts d'une aristocratie, et qui ne connaissent ni l'élégance des mœurs ni les besoins de l'es prit. Ce sera beaucoup si la pensée religieuse ennoblit ces rudes natures, et leur arrache des écoles, des institutions de prévoyance, des établissemens de charité.

Rien n'est plus triste à voir que Liverpool. Une ville, de briques, rembrunie par le temps, se détache encore avec majesté sur un ciel du midi. Voyez Toulouse : la sombre cité a sa poésie qui parle à l'imagination comme un drame dans la vie réelle ; mais sous le climat de l'Angleterre, une ville née d'hier prend aussitôt cette livrée de la vieillesse. Sa physionomie est quelque chose d'informe et de lugubre qui attriste sans faire penser. Le brouillard et la fumée retombent en colonnes funèbres sur les rues. Les maisons suent l'humidité. Les hommes, vêtus de noir, sont silencieux et raides. On dirait que cette atmosphère opaque glace la parole ainsi que la joie.

Qui veut connaître Liverpool doit y descendre le soir, à la clarté du gaz qui en illumine les rues. Le jour, chacun vaque à ses affaires avec une activité fébrile et qui ne se laisse pas détourner ; les hommes sont tous des manœuvres ou des chiffres, et le mouvement les étourdit comme d'autres l'inaction. Dès que la nuit arrive, la ville se réveille et s'anime pour quelques heures. Le travail a cessé partout ; la population ne songe plus qu'au plaisir. Si ce n'est pas la gaieté de Naples, c'est peut-être le même empressement. Liverpool avait ses théâtres en plein vent, devant lesquels le peuple s'assemblait comme dans une ville italienne ; mais les mœurs anglaises ne s'accommodent pas des spectacles à bon marché (penny theatres), et la corporation municipale les a interdits. La foule est donc réduite à circuler devant les boutiques, dont elle admire le luxe, ou à s'enivrer phlegmatiquement dans les cabarets ; ceux qui ont la bourse mieux garnie entrent en conversation avec les prostituées dans les carrefours, ou se mêlent aux habitués des salons, qui sont des espèces de théâtres-cafés ; les plus rangés vont assister à quelque meeting religieux, philantropique ou politique, et se dédommager par d'interminables discours du silence de la journée.

Ce phénomène d'une ville anglaise en liesse est particulièrement visible le samedi soir. Le samedi soir est chaque semaine, à Liverpool, ce que la matinée du mercredi des Cendres est une fois par année dans les états catholiques du continent. Qu'on se figure une bacchanale sur le seuil d'un édifice consacré à la religion. Ce jour-là, les ouvriers et les matelots ont reçu leur paie ; les négocians et les commis, ayant réglé leurs écritures, ont du loisir à dépenser. Qui profitera de ces dispositions libérales, Sinon les cabaretiers, les boutiquiers, les filles de joie et les voleurs ? Jusqu'à minuit, les magasins sont ouverts et resplendissent de lumière. Les revendeurs, criant leurs denrées, font un sabbat à ne pas s'entendre. Les enfans vous courent à travers les jambes ; les femmes vont régler chez les détaillans les comptes de la semaine et acheter à crédit les provisions de celle qui suivra ; les hommes remplissent le palais du gin, s'enivrent et se battent dans les rues. Les prostituées sortent par essaims, et arrêtent les passans presque de vive force dans leurs filets de chair. Les filous, disposés par bandes, font la presse au milieu de la foule affairée, cherchant leur bien dans les poches d'autrui. La police, enfin, surveillant cette agitation universelle, est obligée de multiplier ses mouvemens. Je plains l'étranger qui se jetterait seul en observateur au milieu d'une telle orgie. Il éprouverait un isolement plein d'effroi, comme s'il était placé entre deux armées prêtes à combattre. Traqué, par la Vénus impudique, coudoyé par les ivrognes et renversé par les voleurs, les agens de police ne le relèveraient pas ; ce jour-là et à cette heure, la surveillance de répression fait oublier la surveillance de protection. Mais, minuit sonnant, l'orgie s'arrête : toutes les portes se referment, et le peuple commence à se recueillir. C'est dimanche. On n'entend bientôt plus dans les rues que le sifflet des malfaiteurs qui s'appellent, et le bâton ferré des inspecteurs de police qui retentit sur le pavé polir avertir les agens de veiller et d'être attentifs.

J'ai parcouru la nuit les divers quartiers de Liverpool, accompagné du surintendant de la police, M. Whitty, qui avait bien voulu me servir de guide. Cette reconnaissance, que j'ai faite dans les principales cités de l'Angleterre et de l'Écosse, ne serait pas possible en France. La police, chez nous, est une institution que l'on tolère de peur d'un plus grand mal, mais que l'on envisage avec un certain mépris. Cela tient sans doute à la nature des moyens qu'elle emploie, et qui font qu'on lui sait peu de gré des services qu'elle rend. En Angleterre, la police n'a pas d'agens secrets, et elle ne dénonce personne. Chargée de réprimer les délits et de protéger les citoyens honnêtes, gardienne des personnes et des propriétés, elle est considérée comme une véritable magistrature. Le peuple la respecte partout dans quelques villes, ce respect va jusqu'à l'affection. C'est ce que l'on peut voir à Glasgow, ville pourtant bien turbulente, où les querelles entre les ouvriers vont jusqu'à l'assassinat. Là, dans les plus affreux quartiers, dans ces wynds tristement célèbres par l'insalubrité, par la misère et par le crime, j'ai entendu avec émotion la populace s'écrier, sur les pas du surintendant de la police qui m'en faisait les honneurs : « Longue vie au capitaine Miller ! Dieu vous bénisse, cappitaine Miller ! (long life to captain Miller ! God bless you, captain Miller !) » Que M. Delessert visite la place Maubert ou le quartier des Halles, il n'y recueillera pas un salut.

La police n'exerce pas à Liverpool le même empire qu'à Glasgow. Elle est cependant bien accueillie partout, et le chef de ce corps ne craint pas de s'aventurer, suivi d'un seul homme, dans les endroits les plus suspects. M. Whitty, qui a vu Paris et qui sait ce qu'il y a d'instruction dans l'étude comparée des grandes villes, voulut me faire connaître, sous leur aspect le plus intime, les basses régions de Liverpool.

Nous visitâmes d'abord les rues situées entre Park-Lane et Wapping, quartier voisin des docks, et principalement habité par les ouvriers irlandais. Il était neuf heures du soir ; les enfans jouaient par troupes sur la chaussée, aux dernières lueurs du crépuscule, et les femmes, sur la porte des maisons, aspiraient un air plus pur que celui de leurs étroits taudis. Nous parcourions Crosbie-Street, une de ces rues où la fièvre règne dans toutes les saisons de l'année. Je m'attendais à des apparences plus choquantes. Sans doute, l'état de la voie publique atteste, comme à White-Chapel et à Bethnal-Green, l'incurie de l'autorité municipale : les immondices de toute nature restent, la semaine entière, étalées en plein air, et les rues n'ont pas d'égouts [1], ce qui, dans une ville anglaise, a de bien autres conséquences que dans une ville française, où les conduits souterrains sont destinés uniquement à faciliter l'écoulement des eaux. Cependant on n'y rencontre pas, comme dans ces quartiers de Londres qui semblent abandonnés de Dieu et des hommes des familles entières pourrissant entre les quatres planches d'une étable, ou rongées par une misère qui défie toute description. Parmi les mauvais côtés de Liverpool, a pauvreté n'est pas, à beaucoup près, le plus saisissant.

Les logemens des ouvriers à Liverpool sont encore plus insalubres qu'ils ne sont misérables. Leurs familles vivent, en majeure partie, dans des caves (cellars) ou dans des cours fermées, et manquent d'air avant de manquer de pain. On compte sept mille caves habitées par plus de vingt mille personnes ; cinquante à soixante mille personnes peuplent les arrière-cours.

Les caves dans lesquelles végètent les tisserands de la Picardie et de la Flandre sont des habitations de luxe auprès de celles que recherche la population irlandaise à Liverpool. Celles-ci sont des espèces de trous de dix à douze pieds carrés de surface, ayant souvent moins de six pieds anglais de hauteur, en sorte qu'il est difficile à un homme de s'y tenir debout. Ces tanières n'ont pas de fenêtres ; l'air et la lumière n'y pénètrent que par la porte dont la partie supérieure est généralement au niveau de la rue. On y descend, comme dans un puits, par une échelle ou par un escalier presque droit. L'eau, la poussière et la boue s'accumulent au fond ; comme le sol est rarement parqueté, et qu'aucune espèce de ventilation n'y est possible, il y règne une épaisse humidité. Dans quelques endroits, la cave a deux compartimens, dont le second, qui sert de chambre à coucher, ne reçoit de jour que par le premier. Chacune est habitée par trois, quatre et jusqu'à cinq personnes. Le loyer coûte deux shellings par semaine, ou plus de 130 francs par an. A ce prix, on peut avoir une chambre au premier étage, quand on loue à la semaine, et une maison tout entière, quand on loue à l'année. Un père de famille à qui je demandais l'explication de cette préférence des classes labo rieuses pour les logemens souterrains me répondit : « Je suis plus près de la rue pour mes enfans. »

Les enfans des ouvriers passent, en effet, dans la rue les journées et même une partie des nuits. Sans ces habitudes d'une vie tout extérieure, la jeunesse, déjà si pâle et si peu agréable de formes à Liverpool, s'étiolerait bien davantage. Mais l'éducation qui se fait sur le pavé a aussi ses dangers. L'existence des Anglais étant plus intérieure et moins sociable que celle d'aucun autre peuple, il s'ensuit que l'on ne rencontre guère habituellement dans les rues que les hommes qui sont en lutte avec les lois. Voilà les instituteurs qui élèvent les enfans du peuple ; l'école, ou plutôt le champ d'expériences, ce sont les docks, où ces petits larrons exercent à piller la marchandise déposée sur les quais. En 1836, et dans un rapport du comité de police, on comptait 600 voleurs, dont le pillage de docks faisait la spécialité, et qui avaient pour aides-manœuvres 1,200 enfans.

Un autre trait distinctif de Liverpool est la construction de ces cours fermées qui doublent en quelque sorte les rues. Elles se composent de deux rangs de maisons à trois étages d'élévation, qui se font face et qui sont adossées à d'autres maisons. Un espace, qui varie de six à quinze pieds, sépare les deux côtés, et la cour ne communique avec la rue que par un étroit corridor sous lequel on entre en se baissant comme par la porte d'une prison. L'air empesté que l'on respire au fond de ces abîmes ne se renouvelle jamais. Pour achever d'épaissir les émanations fétides qui s'en exhalent, les habitans ont coutume d'entasser dans un coin de la cour les débris de leur ménage, et lorsque ceux-ci sont des Irlandais pur sang, comme dans le quartier du Vauxhall, il s'y joint l'odeur des porcs qu'ils engraissent, ou des ânes qu'ils introduisent jusque dans leur chambre à coucher [2]. Il y a près de 2,500 cours à Liverpool ; et chacune renferme en moyenne 6 à 8 maisons ; ainsi, la moitié des maisons de la ville (Liverpool a 32,000 maisons) se trouve dans ces conditions déplorables de salubrité.

Une maison de trois étages, et par conséquent de trois chambres, se loue 5 ou 6 liv. stèrl. dans une cour fermée ; une habitation de la même grandeur vaut le double et souvent le triple de ce prix dans une rue. Tout ce qu'il y a d'ouvriers et d'employés à Liverpool habite donc les caves ou les cours, et souvent, par un raffinement d'économie et de patience, des caves dans les cours. Une clause des règlemens municipaux interdit aux propriétaires de maisons de consacrer l'appartement souterrain à l'habitation des hommes ; mais, par la cupidité des uns et par l'insouciance des autres, ce règlement est resté sans application. C'est dans les caves que se tiennent la plupart des écoles où l'on reçoit les petits enfans. Les caves servent d'hôtels garnis aux Irlandais de passage, aux musiciens ambulans, aux mendians et aux vagabonds. Ceux qui ont le moyen de payer 3 pence (6 sols) par nuit sont admis à prendre place dans un des cinq ou six lits que renferme l'unique chambre de chaque étage, un rideau séparant les femmes des hommes. Pour les moins magnifiques, on étend de la paille dans une cave, et l'on y entasse pêle-mêle autant d'êtres humains que ce bouge en peut contenir ; mais aussi le prix n'est que d'un penny.

Entre la bourse et la prison, un pâté de rues étroites et de cours infectes, dont Ray-Street et Highfield-Street sont les plus connues, est le quartier-général des recéleurs et des gens sans aveu. Il n'y a pas de jour où la police n'ait quelque descente à y faire, et le bruit des rixes qui éclatent à chaque instant avertit au loin les gens honnêtes d'éviter un endroit aussi impur.

Ce soir-là, par extraordinaire, la cour des miracles de Liverpool était d'un calme désespérant. Lorsque nous atteignîmes Highfield-Street, les habitans du lieu étaient rentrés chez eux comme de bons bourgeois. On n'apercevait dans la rue qu'une seule maison éclairée à cette heure : c'étaient une trentaine d'Irlandais rassemblés pour veiller devant le corps d'un enfant, et qui, dans leur dévotion superstitieuse, célébraient dans une chambre ouverte, à la clarté des flambeaux, les rites à demi païens de leur pays. Cependant les locataires attardés arrivaient un à un, et, voyant des étrangers, ils se glissaient en silence le long des murs ; les portes entrebâillées se refermaient aussitôt derrière eux.

J'aurais craint de porter mes regards au-delà, car je me rappelais que tout Anglais considère la maison qu'il habite comme un château-fort, où nul ne doit pénétrer sans son consentement ; mais la police a des privilèges, même sur cette terre de liberté. Toutes les portes auxquelles M. Whitty frappa s'ouvrirent sans délai ; partout l'hôte ou l'hôtesse mit le plus grand empressement à nous montrer le logis jusque dans ses moindres détails ; et couché ou à demi vêtu, homme ou femme, malfaiteur, vagabond ou mendiant, pas un des singuliers habitans de Highfield-Street ne parut contrarié de notre visite. Je ne décrirai pas l'ameublement de ces garnis ; des hommes vêtus de haillons pendant le jour trouvent très naturel qu'on leur donne des haillons pour couverture pendant la nuit. Tout ce monde-là semblait reposer à son aise ; souvent cinquante personnes étaient amassées dans un espace qui ne contenait de l'air respirable que pour huit ou dix. Voici, au surplus, le type des garnis souterrains tels qu'on peut les voir à

Liverpool et à Manchester. Le logis se compose de trois pièces : une avant-cave, qui sera la fois de cuisine, de salle à manger et de chambre à coucher, puis deux arrière-caves, dans chacune desquelles sont deux lits juxtaposés. La pièce principale reçoit le jour par la porte, et à ce luxe de lumière elle joint un certain luxe d'ameublement, car les lits ont des rideaux ; les autres ne sont éclairées que par un étroit soupirail, et les habitués y reposent mollement sur des paillasses que supportent des bois à demi pourris, et qui ont pour toute couverture des chiffons cousus. Là, sur les six grabats, 18 et souvent 20 personnes passent la nuit, dans ces trous dont chacun n'a pas plus de 8 pieds carrés, sur une élévation moyenne de 6 à 7 pieds. Autant vaudrait coucher à la belle étoile, au milieu des marais Pontins.

Le caractère essentiellement nomade de cette population atténue, à quelques égards, les conséquences d'un pareil régime. Liverpool est une ville de passage et de rendez-vous incessamment battue par le flux et par le reflux des émigrans, où les couches inférieures de la société n'ont pas le temps de se fixer, où le domicile et la famille n'existent pas en réalité. Entrez dans le work-house de Liverpool ; sur 1,534 pauvres qu'il renfermait au 22 juillet, l'on comptait 346 hommes, tous avancés en âge ; 712 femmes, la plupart jeunes encore, et 476 filles ou garçons. Ainsi, les femmes et les enfans forment les 77 centièmes des pauvres secourus ; à Manchester, la proportion n'est que de 70 pour 100. Dans la prison, sur 4,560 détenus, il est entré, en 1842, 1,678 femmes, soit 37 pour 100 du nombre total. A Manchester, les femmes ne comptent parmi les détenus que dans la proportion de 20 à 25 pour 100. Cette différence tient sans doute à ce que le travail dans un port de mer n'offre pas les mêmes ressources aux femmes et aux enfans que dans une ville d'industrie. « Il y a bien peu d'ateliers à Liverpool où l'on puisse employer les enfans [3], dit le commissaire du gouvernement, M. Austin. Cependant le grand nombre des femmes et des enfans qui tombent à la charge de la paroisse ou qui sont entraînés à commettre des délits vient surtout de l'abandon dans lequel les hommes laissent leurs familles, soit qu'ils aillent à la mer, soit qu'ils mènent, dans l'intérieur de l'Angleterre, cette vie errante qui a fait donner à une certaine classe d'ouvriers le surnom de navigateurs.

Pour bien comprendre Liverpool, il faut visiter l'asile de nuit (night asylum) à l'heure où commence l'interrogatoire des pauvres qui demandent à être admis. Il est situé dans Wauxhall-Road, au centre du quartier le plus misérable comme le plus malsain, et à quelques pas des fonderies et autres usines qui vomissent, du matin au soir, autour de l'édifice, des tourbillons de fumée. Rien de plus triste que les abords de cet établissement ; rien de plus négligé que l'administration. Les fondateurs de l'œuvre ne prennent pas la peine, comme cela se pratique en Écosse, d'examiner eux-mêmes les malheureux qui se présentent ; ils délèguent ce soin au gardien de la maison, vieillard asthmatique et morose qui s'en acquitte en fonctionnaire salarié. A

Édimbourg, les pauvres admis sont aussitôt plongés dans un bain ; ils reçoivent ensuite une portion de gruau, et la nourriture spirituelle leur est donnée par le chapelain avant l'heure du repos. Ici, nulle trace de charité ni envers l'ame, ni envers le corps, et en retour point de respect pour l'autorité de la maison. On entre le chapeau sur la tête, on siffle, on chante, on crie, on se dispute dans les chambres ; il ne saurait être question de propreté ni de décence, là où trois rangs de lits [4] sont superposés l'un à l'autre comme dans l'entrepont d'un vaisseau.

Malgré ce défaut de règle et de comfort, il y a toujours foule aux portes. En 1842, l'asile a reçu 15,817 individus qui ont donné 37,544 journées de présence, ou 103 individus par nuit. Ce nombre augmente en hiver et diminue en été, jusqu'à présenter une moyenne de 125 en janvier et de 77 en juin. Parmi les 15,817 individus admis en 1842 figuraient 1,246 matelots, 9,643 ouvriers ou journaliers, 2,880 femmes, et 2,046 enfans.

De huit heures du soir à onze heures, j'assistai à la réception des pauvres sans asile, prenant note de motifs qu'ils faisaient, valoir pour obtenir un gîte pendant la nuit. Il s'en présenta 78, hommes, femmes ou enfans. Voici les cas sommairement rappelés.

Un matelot avec une jambe de bois, chassé, faute de paiement, du garni où il logeait.

Le cuisinier d'un vaisseau, depuis deux jours à Liverpool, sans ressource, allant à Belfast.

Un journalier de Matyport, cherchant du travail.

Un moissonneur (harvest-man), retournant de Stockport en Irlande.

Une femme écossaise, venant de Manchester à la recherche de son mari.

Une femme avec un enfant naturel, renvoyée de la maison de charité depuis deux jours.

La femme d'un matelot absent, chassée, faute de paiement, du logement qu'elle occupait.

Une femme venant de Halifax pour chercher du travail.

Un enfant de quatorze ans venant du comté de Stafford pour s'embarquer.

Une femme, renvoyée du logement qu'elle occupait à Leeds.

Une jeune fille, qui travaillait dans une fabrique de Manchester, allant à la recherche de sa sœur.

Une Irlandaise, qui était depuis deux mois et demi à Liverpool.

Une femme de Dublin, sans ressource, prétendant qu'on lui a volé 5 livres sterling sur le paquebot.

Un matelot américain de Savannah, depuis cinq semaines à Liverpool.

Mari et femme, venant de Nottingham, tisserands de leur état, allant Dublin.

Une Irlandaise, avec trois enfans, à la recherche de son mari.

Deux enfans de quatorze ans, arrivant, l'un de Glasgow, l'autre de

Newry, et que l'on a ramassés dans les rue.

Une femme de Liverpool, abandonnée par son mari.

Un matelot, sortant de l'hôpital.

Enfin, des soldats congédiés, des ouvriers de Macclesfield, de Birmingham, de Warrington ou de Londres, cherchant, les uns de l'ouvrage, les autres un navire qui les reçoive en qualité de matelots, et parmi ces derniers un jeune fileur de Manchester, qui arrivait, par une pluie battante, nu-pieds, couvert à peine d'un pantalon et d'une chemise, trempé jusqu'aux os, tremblant de tous ses membres, après avoir parcouru cette distance de 36 milles, et qui allait se coucher sans un morceau de pain, en attendant que le capitaine de quelque navire lui permît par charité de s'embarquer.

Ainsi, dans la détresse qui pèse depuis quelques années sur le travail, les hommes vont de la terre à la mer, et du commerce aux manufactures, et Liverpool est le lieu où se font ces perpétuels reviremens.

Une autre conséquence de la nature flottante de la population Liverpool est la multiplicité des lieux de divertissement et de débauche, des salons, des cabarets et des maisons de prostitution, avec leur cortége obligé de vols et d'excès. Suivant un document publié en 1836, il existait à Liverpool 1,600 débits de liqueurs spiritueuses (public houses), 70 restaurans de bas-étage (taps), 585 débits de bière, 20 salons, et 300 maisons qui renfermaient 1,200 prostituées. Le nombre des débitans de genièvre et de whiskey a quelque peu diminué depuis les prédications du père Mathieu, qui ont ramené au régime de l'eau pure et du thé une certaine quantité d'irlandais. Liverpool en renferme cependant proportionnellement plus que Londres et les comptoirs du gin y sont tout aussi brillans. Dans ces longues salles où l'on a prodigué les glaces, les dorures et la lumière, les tonneaux sont rangés d'un côté, et de l'autre les hommes, les femmes, les enfans, assis par centaines sur des bancs où ils savourent avec un plaisir morne les illusions contenues dans un verre d'eau de feu. Je ne sais pas de plus affligeant contraste que celui d'une population en guenilles s'enivrant dans un palais. Et comment les enfans ne seraient-ils pas initiés, dès leur bas âge, aux mêmes excès que leurs pareils ? Quand il n'y a pas de pain dans la maison ni de chaleur au foyer, le père de famille les envoie, avec son dernier penny, chercher du genièvre ou du whiskey, et ceux-ci doivent prendre une bien haute idée d'un genre de consolation auquel on sacrifie tout !

Les salons sont des lieux de réunion qui forment un café au rez-de-chaussée, et au premier étage une salle de théâtre, de danse ou de concert. Ces établissemens se multiplient aujourd'hui dans toutes les villes ; il y en a pour tous les goûts et pour tous les rangs de la société. Les salons fréquentés par les commis (clerks) et par les marchands ont un certain air de bonne compagnie ; les femmes n'y sont pas admises, et pendant que les habitués boivent, le propriétaire chante ou exécute au piano les airs des opéras nouveaux. Dans quelques autres, des couples, qui viennent de se former au coin de la rue, assistent conjugalement à des scènes de mimique ou de ventriloquie. Un de ces établissemens est tenu par un gros homme de bonne humeur, qui passa long-temps pour la fleur des pugilistes, et que l'Angleterre boxante avait élu pour son champion officiel, James Ward ; il achève, dans cette spéculation que son nom fait prospérer, une fortune commencée dans les combats singuliers et dans les paris. Ailleurs, on ne reçoit que des matelots, et quand ils ont échauffé leur imagination à boire du grog, dans les stalles du rez-de-chaussée, on leur sert au premier étage des parades militaires et des farces appropriées à leur goûts grossiers. Les filous de profession ont aussi leurs amusemens publics. J'en ai vu deux ou trois cents dans une salle assez semblable au Café des Aveugles, où on les régalait de chansons grivoises et de vaudevilles salés ; mais le lieu, malgré une sorte d'ordre apparent, n'avait rien de bien sûr, et je n'y restai que le temps de me faire désigner, parmi ces visages sinistres, les habitués les plus réguliers de la prison.

Le nombre des prostituées va croissant à Liverpool comme à Londres. A ne consulter que les documens officiels, il était de 1,902 au 1er janvier 1838, de 1,695 en 1839, de 2,394 en 1840, de 2,683 en 1841, et de 2,900 en 1842. Les comptes-rendus de la police signalent 770 maisons suspectes, 246 garnis fréquentés par les mendians, et 93 maisons de recel. Voilà ce que la police sait, mais elle ne sait pas tout. Sans aller au-delà du vice constaté, l'on voit que Liverpool dépasse Londres même ; ce qui semble indiquer que les causes de dépravation sont pareilles dans les deux villes, et que ces causes rencontrent à Londres, au foyer même de la civilisation, des contrepoids dont Liverpool est dépourvu.

Le nombre des personnes arrêtées en 1842 a été à Liverpool de 15,900. Dans ce total figurent les délits de simple police, tels que l'ivrognerie et les désordres commis dans les rues. Voici les principaux chapitres de ce budget criminel :

DÉLITS CONTRE LES PERSONNES ET CONTRE L'ORDRE.

PREVENUS
Meurtre et tentative de meurtre 8.
Violences avec effusion de sang.   20
Tentative de viol, bigamie, etc. 33
Rixes et violences (common assaults).   965
Violences commises contre les agens de l'autorité   508
Tapage dans les rues 776
Tapage fait par des prostituées 387
Ivresse et désordre.   2,880
Prostituées dans cet état   902
Simple ivresse   2,976
Mendicité. 334

DÉLITS CONTRE LES PROPRIÉTÉS.

PREVENUS
Incendie   4
Vols avec violence ou avec effraction.   119
Vols simples   3,105
Filouteries 517
Faux. 14
Escroqueries   231
Vols commis par des prostituées.   528
Recel 242
Gens suspects arrêtés au moment de voler.   712
Contrebande   106

Le trait le plus sombre du tableau est dans ce fait que, sur 6,202 prévenus de délits graves (felonies), on en comptait 2,197 de dix-huit ans et au-dessous, et dans cet autre, que les femmes y figurent à raison de 30 pour 100.

Les vols de toute nature sont à peu près aussi nombreux à Liverpool, dans une population de 300,000 ames, que dans le département de la Seine, peuplé de 1,200,000 habitans. Toutefois, suivant un calcul fait par l'habile gouverneur de la prison, M. Highton, les délinquans nés à Liverpool ne fourniraient à la somme des arrestations qu'un contingent de 37 pour 100. Il en résulte que si, dans l'échelle de la criminalité, les villes de commerce et de passage tiennent le premier rang, elles doivent être considérées plutôt comme le rendez-vous que comme le foyer de la corruption.

Le capitaine Miller a publié, dans une brochure intéressante [5], une comparaison entre les principales villes du royaume-uni, sous le rapport des désordres qui s'y commettent. Ce rapprochement prend pour point de départ l'année 1839, et le résultat présente 1 délinquant sur 24 1/4 habitans à Londres, 1 sur 7 à Dublin, 1 sur 16 à Liverpool, 1 sur 22 3/4 à Glasgow. La proportion était à Manchester, en 1840, de 1 sur 22 habitans, et de 1 sur 14 à Edimbourg en 1841. On voit que, par une exception qui n'appartient qu'à l'Angleterre, la métropole britannique, malgré l'effrayante accumulation qui s'y fait des crimes et des délits, n'est pas encore le théâtre où le mal se déploie avec le plus de puissance ni de liberté.

L'institution d'une police sévère n'a pas été sans influence sur la masse des délits. On sait déjà que les malfaiteurs anglais, depuis qu'ils trouvent les villes mieux défendues contre leurs déprédations, se rabattent sur les campagnes. Cette émigration paraît avoir été particulièrement sensible à Liverpool, qu'un millier de voleurs émérites ont quittée de leur propre mouvement. Depuis leur retraite, le nombre des vols a beaucoup diminué. En 1838, les rapports municipaux signalaient 482 vols avec violence ou avec effraction, 3,600 vols simples 844 vols commis par des prostituées, et 2,480 gens sans aveu arrêtés au moment de commettre des vols. La réduction, sur ces quatre chapitres, a été en quatre années de 27 pour 100. L'action d'une force répressive ne saurait aller au-delà ; c'est par d'autres institutions et par d'autres influences qu'il faut pourvoir à la réforme des mœurs.

La police de Liverpool est organisée sur le même plan que celle de Londres, qui a servi de modèle à toutes les grandes villes du royaume-uni. En France, vous rencontrez jusque dans les moindres villages l'uniforme du gendarme qui représente l'ordre public. En Angleterre, la police rurale n'existe pas, à proprement parler ; le ministère whig a vainement tenté d'introduire cette machine répressive qui est un des plus beaux produits de notre centralisation. En revanche, la police urbaine de l'autre côté du détroit a une supériorité décidée, et nous gagnerions à l'imiter. Il vaut donc la peine d'expliquer cette organisation, qui est, à mon sens, le chef-d'œuvre administratif de sir Robert Peel.

L'effet utile de la force publique dépend non-seulement de l'organisation qu'on lui donne, mais de la direction qu'elle reçoit. S'il fallait en juger par le nombre des hommes que l'autorité tient sur pied, Paris devrait être la ville la mieux gardée dans le monde entier. Sans compter 12 à 15,000 hommes de garnison, et un million de gardes nationaux de service appuyés sur une réserve de 60,000, le préfet de police a sous ses ordres « une garde municipale de plus de 2,500 fantassins et 400 cavaliers, un corps de sapeurs-pompiers de 830 hommes, des bureaux où travaillent tout le jour et souvent la nuit près de 300 employés, un service extérieur de commissaires, d'inspecteurs, de sergens de ville, d'agens de tous ordres, qui comprend plus de 2,000 personnes [6]. » Ce personnel, tout nombreux qu'il est, ne fait pas régner à Paris une sécurité plus grande que celle dont on jouit dans les autres capitales de l'Europe ; il ne nous met pas à l'abri des émeutes, et les efforts de la surveillance quotidienne ne paraissent pas tenir en échec, autant qu'il le faudrait, l'audace des malfaiteurs. A Londres, la garnison se compose de trois ou quatre régimens de la garde, qui ne servent qu'à parader devant les casernes et les palais royaux. La force de la police municipale, en y comprenant celle de la Cité, est d'environ 5,000 constables, sergens et inspecteurs. Ce corps maintient l'ordre au sein de la nombreuse population et dans l'immense étendue que renferme la métropole. Bien loin d'être insuffisant, il fournit des détachemens que l'on envoie, par les chemins de fer, au premier bruit d'une émeute, à Birmingham, à Manchester, dans le pays de Galles, sur tous les points menacés. A Liverpool, malgré tant d'élémens de désordre, et bien que la police ait à contenir, sans l'assistance d'une garnison, la foule remuante des Irlandais ainsi que 7 à 8,000 matelots, elle ne compte las plus de 600 hommes dans ses rangs.

Je sais ce que l'on peut dire sur la différence des populations, et je ne conteste pas qu'avec les habitudes militaires du peuple français la force publique doive affecter des proportions plus imposantes que dans un pays où 10,000 hommes prennent la fuite devant un escadron de dragons ; mais les crises dans lesquelles on peut avoir à déployer cet appareil de baïonnettes et de canons sont heureusement fort rares, et les circonstances qui appellent surtout la surveillance de l'autorité ne présentent pas en Angleterre moins d'obstacles à surmonter qu'ailleurs. Toutes choses égales, il parait évident que la police produit chez nos voisins tout ce qu'elle peut produire, tandis que chez nous la moitié de la force disponible ne reçoit aucun emploi.

Cette inégalité dans les résultats obtenus tient uniquement à la différence des systèmes. La police, en Angleterre, ne procède pas du même principe qu'en France ; elle ne relève pas de la même autorité, et elle n'a pas la même organisation.

En France, un agent de police voit ses devoirs bornés à la répression des délits et des contraventions ; il ne se regarde pas comme chargé d'un autre mandat. Protéger les honnêtes gens n'est pas son affaire ; les coquins tombent seuls sous sa juridiction. Il ne prévient et n'empêche aucun mal, il se borne à le réprimer en prêtant main-forte à la loi. De là son ton acerbe, son regard insolent et quelquefois provocateur ; de là l'épée qu'il porte au côté. C'est une machine à procès-verbaux et un instrument d'arrestation, rien de plus, mais aussi rien de moins.

L'officier de police (policeman), en Angleterre, a des devoirs beaucoup plus étendus ; il est chargé, il répond de la sûreté des personnes et de celle des propriétés. Autant il doit se montrer vigilant et vigoureux dans la répression des délits, autant on lui recommande d'être bienveillant, prévenant et soigneux des intérêts de la communauté. Il se considère comme l'ennemi des coquins et comme le serviteur des honnêtes gens. A toute heure du jour et de la nuit, vous le trouvez sur votre chemin qui vous donne le nom des rues, l'adresse des habitans, en un mot, les renseignemens qui vous peuvent être utiles. Il ferme la porte de votre maison, si vous l'avez laissée ouverte, vous avertit en cas d'incendie ou d'effraction, et donne le signal des secours ; vous ramène ou conduit au poste votre enfant égaré, écarte tout embarras et tout danger de la voie publique, veille enfin pour vous et sur vous.

Si la police commande aux citoyens en France, et si elle les sert en Angleterre, cela vient peut-être de ce qu'elle procède ici du pouvoir municipal, et là du pouvoir central. A Paris, le préfet de police est le représentant direct de l'autorité ministérielle. Dans les départemens, le maire de chaque commune, étant nommé par le ministre de l'intérieur ou par le préfet, ne dirige la police communale que par une délégation du pouvoir exécutif et sous le contrôle immédiat du préfet ; et comment une police qui ne relève pas des habitans se croirait-elle tenue de les ménager ou de prendre leurs intérêts ? Dans la Grande-Bretagne, au contraire, les maires, étant les élus de la cité, en ont le gouvernement sans réserve ; l'autorité centrale n'intervient qu'au défaut de l'autorité municipale, et pour ajouter aux forces des localités la puissance de l'état.

Dans l'exercice de la surveillance, la police française emploie des agens secrets et des agens publics ; ceux-ci sont les seuls dont la police anglaise admette le concours. « La police de sûreté, dit M. Vivien [7], comprend des agens publics et des agens secrets ; les premiers surveillent les voleurs sans se joindre à eux ; les seconds s'en approchent davantage, et, sans jamais, en aucune façon, de loin ni de près, tremper dans leurs méfaits, ils les rencontrent, les connaissent personnellement, et peuvent avec exactitude révéler les noms, les caractères de ces misérables, sauvages égarés au milieu de la civilisation... » Et ailleurs : « La préfecture de police a cessé depuis long-temps d'employer des repris de justice dans les brigades de sûreté. Toutefois, il est impossible de renoncer entièrement aux services de cette classe d'hommes, et des agens mêlés à la vie et aux habitudes des malfaiteurs ne peuvent se recommander par la pureté du caractère et la dignité des mœurs. »

Certes, si l'on tient à conserver la tradition d'une police secrète, M. Vivien a raison, on doit se résigner à l'emploi des hommes qui ne se recommandent ni par la pureté du caractère, ni par la dignité des mœurs. Il faut avoir trempé dans le crime pour faire métier de la délation et de la trahison ; ces basses œuvres de la police ne conviennent qu'à des mains déjà souillées. Mais une police secrète est-elle nécessaire au maintien de l'ordre public ? Pour ma part, je ne le pense pas. Je crois même que, si le nom seul de la police est devenu un opprobre en France, cela tient à la nature mystérieuse des moyens et au caractère peu moral des agens qu'elle a employés, tandis que, si la police est universellement respectée en Angleterre, on peut sans hésitation attribuer sa popularité à la franchise et à la dignité de ses procédés. Tous les hommes qui ont de l'expérience en cette matière, M. Miller à Glasgow, M. Whitty à Liverpool, M. Beswick à Manchester, sont les adversaires les plus déterminés, de la police secrète. Les s'applaudissent de n'y avoir jamais eu recours, et ils trouvent, dans l'empressement que mettent tous les citoyens à leur donner des indications et des renseignemens sur les délits ainsi que sur les auteurs des délits, une assistance qu'aucune brigade secrète n'aurait pu leur prêter.

La méthode de surveillance exercée chez nous laisse encore beaucoup à désirer. Notre police procède comme une armée en campagne ; elle établit des postes de loin en loin, et pousse par moment des reconnaissances, des expéditions sur le territoire ennemi. Écoutons le partisan avoué de ce système, M. Vivien : « La nuit, les agens de sûreté se répandent dans les rues, et par petits groupes, bien armés, bien résolus, ils parcourent les lieux les plus déserts, les plus propres à tenter l'audace des malfaiteurs ; ils se glissent dans l'ombre, sans bruit, se blottissent le long des maisons, arrêtent l'individu qu'ils trouvent porteur de paquets suspects, ou même embarrassé dans sa contenance, et jugent, d'après ses réponses, s'ils doivent lui laisser continuer sa marche, le reconduire au domicile qu'il s'est donné, ou le conduire en lieu sûr. La garde municipale leur prête assistance pour ces courses nocturnes, et des patrouilles, où les pas n'ont point de bruit et les uniformes point d'éclat, saisissent aussi et les individus prêts à commettre un crime, et ceux qui emportent dans les ténèbres les produits du crime déjà commis. »

Ainsi la surveillance de la police française est ambulante, et la patrouille en est le type vrai. A Londres, à Liverpool, et dans les autres villes de la Grande-Bretagne, la surveillance est stationnaire et à poste fixe, système qui paraît tout à la fois, exiger des forces moindres et avoir plus d'efficacité.

La police de Liverpool se compose, comme je l'ai dit, d'environ 600 hommes, dont les mouvemens sont dirigés par un constable chef (head. constable) ou surintendant. Cette force doit suffire à des attributions très étendues. Elle se partage naturellement en deux services, le service civil et le service criminel. Le premier comprend la brigade des firemen, ou préposés aux incendies, institution analogue à celle de nos sapeurs-pompiers, et les inspecteurs des marchés, de l'éclairage, ainsi que de la voirie ; la seconde renferme les agens préposés à la sûreté publique, les gardes de jour (day.watchmen) et les gardes de nuit (night watchmen), environ 500 hommes, dont la moitié seulement sont sur pied à la fois.

Les agens de la police criminelle, les policemen proprement dits, observent une discipline toute militaire. Pour faciliter la surveillance, la ville a été partagée en deux grandes divisions, la division du nord et celle du sud. Chaque division, placée sous les ordres d'un lieutenant, se partage elle-même en sections ; chaque section est commandée par un sergent et comprend plusieurs quartiers, en anglais beats, dont chacun est mis sous la garde d'un watchman. Le quartier assigné à un garde est comme un pâté de rues et de maisons, et doit avoir une étendue qui permette à l'agent d'en visiter tous les points dans une demi-heure en se promenant à pas lents. On lui remet, au moment où il commence cette faction de douze heures, une carte exacte de son district, en lui recommandant d'apprendre à connaître ceux qui l'habitent à leur figure et par leur nom. Le jour, il ne porte pas d'autre arme qu'un bâton court ; la nuit, on y ajoute une lanterne, une crécelle, une cape et une espèce de poignard (twitch). C'est à lui de surveiller les gens suspects, de s'assurer que les portes et les fenêtres ne restent pas ouvertes ; en cas de délit, de tumulte ou d'incendie, il doit donner l'alarme avant de se porter au secours. On le rend responsable, et l'on récompense moins ceux qui ont appréhendé quelque malfaiteur que ceux sur le territoire desquels aucun délit n'a été commis [8].

Les sergens, les lieutenans et le surintendant lui-même font des rondes de jour et de nuit pour s'assurer que les constables sont à leur poste, et que leur vigilance n'a pas été en défaut. Tout garde surpris en état d'ivresse, endormi, fumant ou en conversation avec une femme, est renvoyé sur l'heure. En même temps qu'on leur ordonne d'agir, en cas de nécessité, avec décision et avec énergie, on leur recommande de ne pas se mêler de toutes choses, de n'être pas tracassiers, de parler toujours avec politesse, et de rester maîtres d'eux-mêmes lors même qu'ils sont provoqués.

Un certain nombre d'hommes est tenu en réserve la nuit dans les grandes stations, le jour au bureau de la police et dans l'enceinte du tribunal, afin d'exécuter les ordres des magistrats, et de se porter partout où l'intérêt de la sécurité publique pourra les appeler Liverpool a cinq grandes stations de police. Chacun de ces postes comprend un hangar où les constables se livrent aux évolutions militaires et sont passés en revue par leurs chefs ; un bureau où l'on enregistre les ordres du jour, où l'on tient note de la conduite des agens et des arrestations ; deux chambres de force ou cachots (locks-up), l'un pour les hommes, l'autre pour les femmes, dans lesquels on enferme jusqu'à l'heure de l'audience les personnes arrêtées perdant la nuit. Ces violons, comme on les appellerait en France, sont des bouges affreux qui ne reçoivent l'air et la lumière que par un étroit soupirail. On devrait du moins les convertir en cellules, afin qu'un honnête homme, que l'on a ramassé ivre dans la rue, ne fut plus exposé à passer la nuit côte à côte d'un malfaiteur.

Ce qui ajoute à l'excellence de cette organisation, c'est le scrupule que l'on apporte dans le choix des hommes. La police prend ses agens dans la classe des sous-officiers qui ont obtenu leur congé, ou parmi les ouvriers qui ont quelque instruction, et qui sont désignés par leurs bons antécédens. Comme on exige aussi la force physique et une taille élevée, il en résulte que les constables de la nouvelle police sont bien réellement la fleur de la population. Règle générale, un policeman sans armes vaut deux hommes ; trois cents policemen armés contiennent une ville soulevée. Je ne connais, quant à-moi, que la garde municipale de Paris, ce corps admirable entre tous les corps d'élite, que l'on puisse comparer aux constables de Londres, de Liverpool et de Glasgow.

La police, dans les villes de l'Angleterre, est une institution complète, qui a ses tribunaux ainsi que ses hommes d'action. Les tribunaux de police sont investis des pouvoirs les plus divers comme les plus étendus : le magistrat est à la fois juge de paix, juge d'instruction, juge de simple police, et arbitre de certains intérêts ou privilèges municipaux. Les lois lui allouent un traitement proportionné à l'importance de ses fonctions, et au temps qu'il est obligé d'y consacrer. C'est une exception toute récente aux usages de ce gouvernement aristocratique, dans lequel les fonctions du juge de paix sont gratuites et appartiennent, comme un droit seigneurial, aux grands propriétaires du sol. Par une autre exception non moins remarquable, le commissaire de police (police commissionner), qui enregistre les plaintes et qui expose les faits de chaque cause devant le tribunal, est un homme de loi, et donne des consultations gratuites. Enfin, la procédure est simple et le résultat prompt. Voilà des innovations dont le succès peut paraître extraordinaire, si l'on considère le parfait contentement d'esprit avec lequel la nation anglaise se laisse, depuis huit cents ans, mener par les juges et exploiter par les avocats. Liverpool n'a qu'un tribunal de police ; Manchester en deux, et Londres neuf, sans compter ceux de la Cité.

Entrons dans le prétoire. Le tribunal de police à Liverpool est une vaste salle partagée en deux enceintes l'une à l'usage exclusif de la justice, l'autre pour le public. Le juge occupe un siège élevé sur une estrade ; devant lui, mais à un rang inférieur, sont le commissaire de police qui fait fonction de ministère, public, le greffier qui enregistre les dépositions, et le trésorier qui reçoit les amendes. En face et au milieu de la salle se dresse. la tribune où comparaissent les prévenus ; elle communique avec la geôle par un passage souterrain. A la droite du juge, les agens de police occupent les bancs devant lesquels est placée la tribune (box) des témoins ; ceux de gauche sont réservés aux parties civiles. Le public, se presse au fond de la salle sur l'amphithéâtre qui lui est destiné. Il y a toujours foule, et quelle foule ! Les assistans de la veille seront à coup sûr les patiens du lendemain.

Dans l'ordre des décisions, on appelle d'abord les contrevenans aux règlemens municipaux, ensuite les prévenus de crimes et de délits, et en troisième lieu les contestations civiles ; ajoutez que le magistrat donne ou refuse l'autorisation d'ouvrir un cabaret ou un salon, et cela d'après les renseignemens qui lui sont remis ; enfin il entend les personnes qui demandent à en citer d'autres pour obtenir le recouvrement d'une créance ou pour faire fixer leurs droits. Un seul juge, dans une même séance, a souvent plus de cent cas à décider.

La procédure en matière criminelle ou correctionnelle est, quoique sommaire, environnée, de toutes les garanties. A Paris, un inculpé en état d'arrestation attend souvent trois jours avant que le juge d'instruction puisse examiner les charges qui pèsent sur lui et convertir le mandat d'amener en mandat de dépôt ou ordonner la mise en liberté. Encore cette procédure se passe-t-elle entièrement à huis-clos, le prisonnier n'ayant d'autre refuge que les lumières et l'équité du magistrat instructeur. A Liverpool, ainsi que dans les autres villes de l'Angleterre, tout constable peut mettre en liberté sous caution, à l'instant même où il est arrêté, un prévenu qui n'est inculpé que d'un léger délit. Dans tous les cas, le prévenu arrêté la veille ou dans la nuit a la certitude d'être interrogé et entendu le lendemain. L'instruction se fait sous les yeux du public. Le commissaire de police ou le greffier ayant expliqué en peu de mots les circonstances et les motifs de l'arrestation, le juge demande à l'inculpé son nom et sa profession ; si le prévenu a eu déjà affaire à la justice, le greffier de la geôle rappelle ses antécédens. Viennent ensuite Les dépositions des témoins ; ceux-ci, et les agens de la police comme les autres, prêtent serment sur l'Évangile de dire la vérité sans haine et sans passion. Quand ils ont déposé, le conseil du prévenu leur fait subir un contre-interrogatoire par lequel il cherche, dans l'intérêt de la défense, à les mettre en contradiction avec eux-mêmes. Le prévenu est enfin invité à dire ce qu'il juge utile de dire, et, s'il préfère garder le silence, on respecte sa détermination, selon le principe de la jurisprudence anglaise qui porte que nul n'est forcé de s'accuser. Dans le cas où le délit commis est du ressort des assises, le juge, après avoir fait lire le procès-verbal des dépositions au prévenu qui en conteste ou en reconnaît l'exactitude, l'envoie dans la prison du comté pour y attendre que le grand jury prononce définitivement sur l'accusation. Si l'offense est légère, le juge décide lui-même en dernier ressort, acquitte ou condamne ; mais la condamnation n'excède jamais une amende de 10 liv. sterl. ou un emprisonnement de six mois. Toute cette procédure n'a pas duré plus de dix minutes, et souvent elle en prend moins de cinq. C'est la justice expéditive du cadi, entourée des formés tutélaires qui tiennent au progrès même de la civilisation.

C'est en assistant aux audiences de ces tribunaux que l'on apprend à connaître les élémens dont se composent les populations urbaines. La scène est à la fois plus étendue et plus variée que dans l'enceinte de nos tribunaux correctionnels. Il semble que l'on ait agité la société jusque dans ses abîmes les plus secrets pour faire monter l'écume à la surface. Toutes les figures qui passent devant l'observateur portent le stigmate fortement marqué des habitudes de la vie. Les filles publiques saisies dans quelque tumulte de nuit sont des créatures à peine vêtues, aux traits avinés et d'une malpropreté repoussante. Auprès des vagabonds et dès mendians d'aujourd'hui, ceux que le pinceau d'Hogarth a immortalisés pourraient passer pour des grands seigneurs. Les préteurs sur gage (pawn-brokers) classe nombreuse en Angleterre et surtout en Écosse, ont un type particulier de physionomie qui tient du hibou et du vautour, mélange d'hypocrisie et de rapacité. Les voleurs expérimentés sont gens dont la figure ne trahit aucune émotion, qui refusent communément de répondre au juge, et ne paient l'avocat que pour embarrasser les témoins ; mais, quand ils ont perdu l'espoir d'échapper à toute punition, leur insolence et leur férocité naturelle se donnent carrière. Il en est qui passent alternativement de la prison au work-house, et qui ne se gênent pas pour traiter les administrateurs (relieving officers) de coquins, pour les frapper même, lorsque ceux-ci leur refusent des secours dont ils ont cent fois abusé. Les vagabonds irlandais tranchent sur les autres, et ont le privilège d'égayer l'auditoire par la vivacité de leur pantomime ainsi que par la naïveté de leurs réponses ; peuple enfant que ses conquérans ont mis sous la rude tutelle de la misère et de l'oppression. Les seules personnes d'une apparence un peu décente qui figurent devant le tribunal sont les gentlemen que l'on a trouvés ivres dans les rues, et qui en sont quittes pour payer l'amende en refusant de faire connaître leur nom, et les entrepreneurs de cabarets ou de salons qui ont la prétention, en fermant les yeux sur les désordres commis dans leurs établissemens, de préserver intact leur caractère personnel (respectability).

Dans cette besogne, qui a ses difficultés comme ses dégoûts, l'autorité du magistrat est ce qui étonne le plus. Il doit ce respect du public non moins à sa qualité de jurisconsulte éminent qu'à l'équité habituelle de ses dédiions. M. Jardine à Bow-Street (tribunal de Londres), M. Rushton à Liverpool, et M. Maulde à Manchester, sont des juges que tout le monde s'honorerait d'avoir pour collègues, et qui figureraient avec distinction sur le banc de la reine, à Westminster. Toutes les misères qui appellent l'attention, des magistrats ne sont pas de nature à provoquer des sentences rigoureuses ; ils ont souvent aussi à faire acte d'humanité. A Glasgow, la police est chargée en hiver de quêter pour les ouvriers nécessiteux. A Liverpool, elle intervient pour obtenir le passage gratuit sur quelque navire en faveur des malheureux qui désirent rentrer dans la paroisse où ils sont nés. A Londres, elle reçoit les dons volontaires du riche et les distribue aux familles sans ressource, dont la charité légale n'a pas prévu ou n'a pas soulagé le dénuement.

Liverpool est peut-être la ville où le tribunal de simple police est le plus surchargé d'affaires graves ; c'est pourtant celle où les acquittemens ont lieu dans la plus forte proportion. L'encombrement des prisons gène la liberté du juge ; celui-ci condamne le moins qu'il peut, ne sachant où placer les détenus. La maison d'arrêt (loek-up) en contient cinquante à soixante, et la geôle en renferme près de huit cents. Cette prison construite sur les plans d'Howard, a eu beau s'étendre et resserrer l'espace accordé à chaque détenu : le crime a marché d'un tel pas, que la fréquence même lui assure aujourd'hui une sorte d'impunité.

Cet accroissement dans le nombre des délits à Liverpool peut s'expliquer, indépendamment des raisons générales, par la même cause qui a produit l'augmentation de la mortalité, je veux dire par la densité de la population. Liverpool n'est pas la ville qui présente la plus grande somme de misère, mais c'est assurément celle que le vice infecte au plus haut degré et celle où la mortalité est la plus grande.

A Londres, l'insalubrité des quartiers pauvres se trouve compensée en quelque sorte par la salubrité des quartiers riches. Si la mort est prompte à White-Chapel, la vie est facile et longue dans le West-End. Mais à Liverpool, il n'y a pas de quartiers salubres. La ville est ramassée sur elle-même : 32,000 maisons dans un espace de deux milles carrés ! Comme si les quartiers bas ne lui semblaient ni assez obscurs, ni assez humides, le peuple y vit dans des caves, ou dans des cours qui ne voient pas le soleil. Dans les quartiers élevés, les rues et les maisons ont envahi le terrain libre : il n'y a ni places, ni squares, ni arbres, ni verdure, ni eaux, rien de ce qui peut récréer la vue et rafraîchir les sens. On dirait que les habitans qui viennent s'entasser à Liverpool ont jugé suffisans pour chacun d'eux, durant leur vie, les six pieds d'air et de sol que mesure un tombeau.

Dans une brochure pleine d'intérêt, le docteur Duncan, observateur scrupuleux et compétent, précise la densité de la population à Liverpool et montre les tristes conséquences qui dérivent de cette agglomération de tant d'êtres vivans. Je ne puis mieux faire que de suivre, en les résumant, des données dont l'administration supérieure a reconnu l'exactitude, et qu'elle reproduit dans ses publications [9].

La densité de la population en Angleterre (England and Wales) est en raison de 275 habitans par mille carré, si l'on fait masse des habitans des villes avec ceux des campagnes. Si l'on ne prend que ceux des villes, la population, calculée d'après vingt-une des principales cités, est de 5,045 habitans par mille carré. En se bornant à cinq ou six grandes villes, la densité augmente ; elle est, par mille carré, de 20,892 habitans à Leeds, de 27,423 à Londres, de 33,669 à Birmingham, de 83,224 à Manchester, et de 100,899 à Liverpool. Enfin, dans ces villes elles-mêmes, certains quartiers agglomèrent la foule. M. Farr cite un district de Londres qui renferme 243,000 habitans par mille géographique carré, et M. Duncan, un district de Liverpool peuplé de 12,000 personnes, qui donnerait par mille géographique carré 460,000 habitans.

La mortalité se mesure partout à la densité des agglomérations. Elle est annuellement en Angleterre, de 1 habitant sur 54 91/100 dans les districts, ruraux, et de 1 sur 38 16/100 dans les districts urbains. A Londres, on compte un décès, sur 37 38/100 habitans ; à Birmingham, 1 sur 36 79/100 ; à Leeds, 1 sur 36 73/100 ; à Sheffield, 1 sur 32 92/100 ; à Bristol, 1 sur 32 38/100 ; à Manchester, 1 sur 29 64/100 ; à Liverpool, 1 sur 28 75/100. La durée moyenne de la vie est de 26 ans et demi à Londres, de 21 ans à Leeds, de 20 ans à Manchester, et de 17 ans à Liverpool.

Le docteur Watt [10] a démontré que les mêmes faits avaient eu à Glasgow les mêmes conséquences. En 1831, la population de Glasgow était de 202,426 personnes, et la mortalité dans la ville n'excédait pas la proportion de 1 décès sur 41 47/100 habitans. En 1841, la population s'élevait à 282,134 personnes ; mais on comptait aussi 1 décès sur 30 41/100 habitans, proportion qui se rapproche plus que celle d'aucune autre ville de la mortalité de Manchester et de Liverpool.

Le docteur Duncan explique comment l'air de Liverpool, vicié par cette agglomération contre nature, devient une sorte de poison qui agit tantôt en engendrant des épidémies, tantôt en affaiblissant les constitutions et en les prédisposant ainsi à toutes les maladies. Les cas de fièvre, y compris le typhus, sont infiniment plus nombreux à Liverpool que dans le reste du royaume, et M. Duncan calcule que 1 habitant sur 55 y paie, tribut. Il meurt annuellement à Liverpool 1,800, personnes de la fièvre, et la proportion des décès qui proviennent de cette cause au nombre total des décès, étant à

Birmingham de 4 10/100 pour 100 et à Londres de 4 83/100 pour 100, est de 6 78/100 pour 100 à Liverpool. Même résultat pour les maladies de consomption. Le nombre des personnes qui sont emportées par ce mal terrible est de 22,027 à Londres ou de 13 39/100 pour 100 du nombre des décès ; à Liverpool, il est de 4,120 ou de 18 31/000 p. 100 du nombre des décès.

Mais le fait le plus affligeant de cette funèbre énumération, c'est la mortalité qui se déclare parmi les enfans. 53 sur 100 meurent avant d'avoir atteint leur cinquième année, et ils meurent presque tous dans les convulsions, à ce point que les décès provenant de cette cause sont dans la proportion de 14 79/100 pour 100 au nombre total. Quelle barbare imprévoyance que de tolérer ces entassemens pestilentiels des populations, qui ont pour effet nécessaire la mort d'un enfant sur deux !

M. Duncan n'a pas de peine à établir que les classes pauvres, étant les plus mal logées et les plus agglomérées, sont aussi celles que le poison atmosphérique épargne le moins. Ainsi, dans les rues étroites qui avoisinent la bourse et Castle-Street, et où l'espace n'est que de 17 yards carrés par habitant, la fièvre en attaque 1 sur 32, tandis que dans le quartier de Rodney-Street, où chaque habitant jouit d'un espace de 57 yards carrés, la fièvre n'en frappe que 1 sur 237. Le district de la bourse (Exchange-Ward), considéré séparément ; renferme une population de 11,860 habitans dont chacun n'a qu'un espace de 9 yards carrés, et qui est accumulée à raison de 657,963 habitans parmille géographique carré. C'est celui où les caves et les cours qui servent à loger les ouvriers sont le plus obscures et le plus humides, et où le sol est le plus mal disposé pour l'écoulement des eaux. Là aussi le nombre des habitans attaqués de la fièvre est de 1 sur 26. Enfin, pour résumer toutes ces différences, à population égale, il meurt 177 personnes à Liverpool dans les quartiers les plus surchargés, contre 100 personnes qui meurent dans les quartiers où les habitans sont plus clairsemés.

Le parlement a voté une loi (act) exécutoire depuis le 1er novembre 1832, et qui a pour objet d'améliorer à Liverpool les conditions de salubrité [11]. Cet acte, calqué sur celui que le parlement avait rendu en faveur de Londres, contient quelques dispositions utiles pour l'avenir, telles que la clause qui fixe le minimum de largeur des rues qui seraient construites à 21 pieds anglais, et celui des cours intérieures à 15 pieds ; mais il ne remédie d'aucune façon aux maux actuels, à moins que l'on n'attribue cette vertu à la clause qui interdit d'habiter les caves situées dans des cours, article qui est resté sans exécution.

La corporation municipale de Liverpool devrait faire ce qu'on fait à Paris, en prenant sur son immense revenu pour encourager l'ouverture de rues nouvelles et bien aérées sur l'emplacement des quartiers les plus encombrés, pour former de vastes squares, pour achever les égouts, et pour donner des primes aux entrepreneurs qui construiraient des logemens sains et commodes à l'usage des ouvriers. Ces précautions de l'autorité locale atténueraient le mal ; mais il faut, pour le détruire, une révolution dans les habitudes de la société.

Les grandes villes de l'Europe ressemblent, depuis un quart de siècle, au corps d'un enfant qui aurait grandi tout d'un coup sans mesure, et qui resterait, après cette croissance soudaine, long-temps faible et maladif. Mais l'enfant se remet de cette secousse temporaire, grace au développement des forces vitales qui reprend son cours. Sommes-nous encore dans la jeunesse de la civilisation ? va-t-elle, après le temps d'arrêt qui n'a que trop duré, déployer de nouveau ses ailes et balayer, dans une course victorieuse, les maladies et les scories qui se voient à la surface de la société ? Je l'espère, pour mon compte, car mon optimisme va jusque-là. Cependant je m'étonnerais peu si, après avoir vu Paris, Londres et Liverpool, beaucoup allaient juger de l'avenir par le présent.

NOTES

[1] « Depuis douze ans, la paroisse de Liverpool a consacré à la construction de égouts plus de 100,000 liv. st. ; mais ces égouts sont de grandes artères établies dans les principales rues r le bienfait de cette mesure n'a été étendu qu'à un petit nombre de rues secondaires (bye streets), habitées par les classes ouvrières. J'estime le nombre des rues, habitées à 566, ayant une étendue de 101,290 yards ou d'environ 57 milles et demi, dont 235, ayant une étendue de 25 milles et demi, sont pourvues d'égouts dans toute leur longueur ou dans une partie de leur longueur. Malheureusement ces 25 milles et demi sont répartis d'une manière inégale entre les diverses classes de la population, car, tandis que sur 243 rues, ayant une étendue de 20 milles, habitées surtout par des ouvriers, 56 seulement sont pourvues d'égouts sur une étendue de 4 milles, la proportion des égouts, dans les 33 rues habitées par les autres classes, est de 21 milles et demi sur 37 et demi. » (Duncan On the physical causes of the mortality in Liverpool.)

[2] « Dans une maison située dans une cour de Thomas-Street, un malade était dans un coin de la chambre, couché sur un tas de paille ; dans l'autre coin, un âne était commodément établi. Sous la fenêtre, on apercevait le tas de fumier que l'âne aidait à ramasser dans la rue. » (Rapport de M. Duncan, Sanitary condition of working classes.)

[3] Children's employment commission.

[4] Ces lits triples, que l'on retrouve aussi dans les prisons, sont appelés berths.

[5] Papers relative to the state of crime in the city of Glasgow.

[6] Voir dans la Revue des Deux Mondes, n° du 1er décembre 1842, un

article très remarquable de M. Vivien, ancien préfet de police et ancien garde-des-sceaux.

[7] Revue des Deux Mondes, article déjà cité.

[8]"The absence of crime will be considered the best proof of the efficiency of the police. » (Regulations and instructions.)

[9] Voir le curieux rapport de M. Chadwick, secrétaire de la commission des pauvres, On sanitary condition of labouring classes ; 3 vol. in-8°.

[10] Glasgow mortality bill.

[11] An act for the promotion of the health of the inhabitants of Liverpool.

MANCHESTER

La tradition des premiers temps de la conquête porte que Guillaume, après avoir ravagé et soumis les contrées situées au nord de l'Humber, voulut ranger à son obéissance la région voisine de Chester, la seule qui ne reconnût pas encore la nouvelle domination. On était au cœur de l'hiver, et l'armée normande rassemblée à York avait à traverser, par des chemins impraticables pour cette pesante cavalerie [1], la chaîne de montagnes qui s'étend du sud au nord dans toute la longueur de l'Angleterre, qui en est comme l'épine dorsale (Backbone), et qui, semblable à l'Apennin en Italie, partage les eaux entre l'est et l'ouest. L'arête de cette chaîne une fois franchie, l'on entrait dans une contrée à demi sauvage, coupée par de nombreux torrens qui inondaient le fond des vallées, semée de marais et de tourbières, couverte de forêts impénétrables, et habitée par une race d'hommes que l'invasion n'avait jamais pu saisir ni dompter. Les soldats du conquérant, effrayés des périls sans gloire que leur promettait cette expédition, s'étaient mutinés avant le départ. Pendant la marche, Guillaume mit souvent pied à terre, et paya de sa personne dans ces rudes fatigues pour encourager son armée [2].

Cette région inconnue, inaccessible, c'était la partie méridionale du Lancashire, que sillonnent aujourd'hui tant de routes, de canaux et de chemins de fer, cette population indomptée, c'était la même qui a fondé depuis et qui a développé, avec une admirable audace, la puissance du système manufacturier. Par une destinée tout-à-fait providentielle, les accidens du sol et du climat, qui avaient élevé autant d'obstacles à la conquête, devaient être, sept cents ans plus tard, les véhicules de l'industrie. Le travail devait soumettre ces agens naturels, et faire servir d'élémens à la production l'indépendance des caractères aussi bien que l'énergie des moteurs.

Il n'y a peut-être pas un coin de terre où la nature ait accumulé avec la même profusion tous les instrumens du travail. Voyez la Normandie ; elle abonde en moteurs hydrauliques, mais elle manque à la fois de fer et de charbon. Notre Flandre industrielle est assise sur de larges couches de houille, et de nombreux canaux lui donnent la facilité ainsi que le bon marché des transports ; mais c'est un pays bas, sans chutes d'eau et placé loin des grands centres de consommation. L'Alsace a le génie de l'industrie comme celui de la guerre ; mais ces heureuses dispositions s'y trouvent aux prises avec les circonstances les plus défavorables, avec la cherté du combustible.et avec l'éloignement des débouchés ainsi que des ports d'approvisionnement. Même division des avantages naturels en Suisse et en Belgique : Zurich est à cent lieues de la houille, à deux cents des ports qui reçoivent la matière première et qui expédient les produits manufacturés ; Gand, le siége le plus ancien de la population industrielle dans l'Occident, se voit à une distance égale des cours d'eau rapides, des gîtes métallurgiques et des mines de charbon.

Mais dans cet espace de quinze à seize lieues carrées, qui est compris entre l'embouchure de la Ribble et celle de la Mersey, rien ne manque de ce que la nature et l'homme peuvent fournir [3]. La chaîne élevée qui la défend des vents du nord et de l'est y donne naissance à plusieurs rivières ou ruisseaux qui, descendant rapidement des sommets et multipliant la force du courant par la pente, font mouvoir un grand nombre d'usines. L'Irwell, à lui seul, a neuf cents pieds de chute, dont huit cents sont utilisés ; M. Baines compte 300 filatures ou teintureries établies sur ce cours d'eau. Un banc de houille inépuisable et à fleur de terre règne dans toute l'étendue des districts de Safford et de Blackburn ; le fer se rencontre en abondance dans les comtés limitrophes d'York et de Stafford, ainsi que dans le pays de Galles ; enfin Manchester est à une journée de Londres et à une heure de Liverpool.

Joignez à cela une race d'hommes incomparable, rude, mais non grossière, réfléchie et patiente, inventive, entreprenante et infatigable, s'appropriant ce qu'elle n'a pas trouvé, tournée vers le côté pratique des choses, telle qu'il la fallait en un mot pour forger les armes de l'industrie. Cette population féconde a tiré de son sein avec une égale supériorité les ouvriers, les ingénieurs, les manufacturiers et les commerçans. L'enfantement a été prompt et complet. En moins d'un siècle, le système des manufactures, système colossal sinon harmonieux dans ses proportions, s'est trouvé construit de toutes pièces. Les états de l'Europe qui l'ont transplanté sur leur territoire ne doivent pas oublier que le comté de Lancastre en fut le berceau.

En 1738, un ouvrier de Bury, John Kay, invente la navette volante. En 1764, un tisserand de Blackburn, Hargreaves, imagine la jenny. En 1779, un autre tisserand, qui habitait un hameau près de Bolton, Samuel Crompton, compose la mule, métier plus parfait et qui a remplacé la jenny. La mule-jenny, se mouvant sans le secours de l'ouvrier (self-acting), inventée par l'associé d'Arkwright, M. Strutt, en 1790, est perfectionnée en 1825 par un mécanicien de Manchester, M. Roberts. Le principe du tissage mécanique, découvert en 1785 par le docteur Cartwright, est amené à l'état pratique en 1803 par M. Horrocks, fabricant de Stockport. Deux habitants de la même ville, le manufacturier Radcliffe et l'ouvrier Johnson, parviennent, après deux années des expériences les plus laborieuses, à construire la machine à parer, qui a rendu possible et général l'emploi, du tissage à la vapeur. Enfin, c'est un barbier de Preston, l'homme de génie par excellence, Arkwright, qui réunit le premier ces inventions éparses, qui leur donne un corps et en forme dès l'armée 1782 la manufacture de coton. En 1792, appliquant à une de ses filatures la belle découverte de Watt, il substitue au moteur hydraulique un agent nouveau, une force sans limites, la vapeur. Dès ce moment, et comme l'a dit son historien, M. Baines, il se fait dans l'industrie, une révolution immense, pareille à celle qu'avait opérée l'invention de l'imprimerie dans le domaine des sciences et des arts.

L'Angleterre, on le sait, a été appelée la dernière sur ce terrain. L'industrie, venant de l'Orient avec la civilisation, a marqué sa route par des étapes brillantes dont chacune a un nom dans l'histoire : Tyr d'abord, Venise ensuite plus tard les Pays-Bas et la France de Colbert. La Grande-Bretagne a reçu ce dépôt grossi par les contributions de tous les siècles et de tous les peuples ; mais il s'est accru entre ses mains avec une rapidité qui tient du prodige, et jusqu'à balancer, par l'effort héroïque de deux ou trois générations, les progrès accomplis depuis deux mille ans. Eh bien ! ce que l'Angleterre a fait pour l'Europe civilisée, les Lancastriens l'ont fait pour l'Angleterre. A mesure que les arts industriels pénétraient dans cette île, c'est à Manchester qu'ils allaient se fixer. Manchester préparait et tissait la laine, avant de fabriquer les étoffes de coton ; sous une forme ou sous une autre, cette ville reste depuis le XVe siècle, la métropole manufacturière du royaume-uni.

Les premiers précepteurs de l'industrie anglaise furent les Flamands. Édouard III embaucha un grand nombre de ces artisans qui vivaient misérablement au milieu des splendeurs de Gand et de Bruges, « se levant de bonne heure, dit un historien [4], se couchant tard, travaillant rudement tout le long du jour, et ne se nourrissant que de harengs et de fromage moisi. » On leur promit qu'ils auraient du mouton et du bœuf à discrétion, que leurs lits seraient bons, leurs compagnes belles,que les yeomen se disputeraient l'honneur d'épouser leurs filles : et, de fait, ils s'enrichirent en apportant à l'Angleterre une richesse inconnue. « Les yeomen qui les reçurent dans leurs maisons, ajoute le même historien, s'élevèrent bientôt au-dessus des gentlemen, acquirent de grands domaines ; et blasonnèrent leurs possessions. » Aujourd'hui les manufacturiers font encore fortune dans la Grande-Bretagne, et quand ils ont acquis un manoir, ils obtiennent sans plus de difficulté le rang de baronnet ; mais les ouvriers s'estimeraient bien heureux s'ils avaient toujours pour vivre la maigre pitance des Flamands du XIVe siècle, et, pour trouver ce festin de bœuf et de mouton qu'Edouard III promettait aux premiers venus ainsi qu'aux premiers nés de l'industrie, il faut qu'ils passent les mers, qu'ils aillent s'établir aux avant-postes de la civilisation, dans le Canada, aux États-Unis, dans la Nouvelle-Zélande ou dans l'Australie.

Les Anglais avaient appris des Flamands à fouler, à teindre et à tisser la laine. Au XVIIe siècle, les réfugiés français leur enseignèrent à tisser la soie et à imprimer sur étoffes ; au XVIIIe, ayant étendu leurs conquêtes dans l'Inde, ils commencèrent à travailler le coton. Par un phénomène bizarre, les habitans du Lancashire, qui devaient exploiter l'industrie cotonnière avec tant de succès, effrayés un instant de sa croissance extraordinaire, semblèrent vouloir la repousser. L'inventeur de la navette volante, John Kay, pour échapper à la persécution, alla, vers 1740, se fixer à Paris. En 1768, Hargreaves, découragé par l'indifférence de ses compatriotes, avait porté son industrie à Nottingham. En 1779, les ouvriers mutinés parcoururent les environs de Blackburn [5], démolissant les jennys, les machines à carder et toute machine mue par une force hydraulique ou par des chevaux. Les manufacturiers eux-mêmes, ne comprenant pas encore l'utilité de ces grandes innovations, secondèrent l'émeute et protégèrent les coupables contre les rigueurs de la loi. Le grand-père de sir Robert Peel, qui, outre la destruction de ses machines, avait couru des dangers personnels, retiré à Burton dans le comté de Stafford, éleva une filature sur la rivière de Trent, et pendant quelques années on cessa complètement de filer dans les établissemens de Blackburn Mais voici qui est plus étrange encore. Lorsque Arkwright, par une merveilleuse combinaison de toutes les découvertes faites dans cette période de création, eut obtenu des produits supérieurs à ceux qui existaient sur le marché, les manufacturiers du Lancashire se liguèrent pour en empêcher la vente. Arkwright et ses associés furent donc contraints d'étendre la sphère de leurs opérations. De filateurs qu'ils étaient, ils devinrent fabricans de tissus. Ecoutons le récit d'Arkwright lui-même : « Notre premier essai fut l'emploi de ces filés dans le tissage des bas, et l'expérience réussit. Bientôt nous établîmes la manufacture de calicots, qui promet d'être une des premières de ce royaume ; mais une difficulté encore plus formidable se présenta. Les commandes que nous recevions, et qui étaient considérables, furent tout à coup contremandées, les employés de l'excise, refusant de laisser passer nos tissus au tarif ordinaire de trois pence par yard, et exigeant un droit additionnel de trois pence, parce qu'on les considérait comme des calicots, bien que fabriqués en Angleterre. En outre, les calicots imprimés se trouvaient prohibés. Grace à ces obstacles imprévus, une grande quantité de calicots s'accumula dans nos magasins. On s'adressa vainement aux commissaires de l'excise, et les propriétaires n'eurent plus d'autre parti à prendre que de saisir la législature, qui leur donna gain de cause après des dépenses considérables et malgré la vive opposition que les manufacturiers du Lancashire avaient dirigée contre eux. »

A quelques années de là, les mêmes fabricans, instruits par l'expérience, disputaient à cet homme qui n'était plus le barbier de Preston, mais que l'Angleterre saluait sous le nom de sir Richard Arkwright, la propriété ainsi que l'usage des inventions qui l'avaient enrichi, et la force des choses fixait dans le Lancashire une manufacture que la folie des hommes en avait d'abord exilée.

Dans toute lutte entre un homme et une population, l'individu doit nécessairement succomber. Les gens de Manchester l'emportèrent donc sur Arkwright. Après quinze années de privilège, et par suite d'un double procès, les inventions dont il était l'auteur tombèrent dans le domaine public. L'équité le voulait ainsi : les hommes de génie sont le produit de leur pays et de leur temps aussi bien que de leurs propres efforts, et ce n'est pas pour leur avantage exclusif que la Providence les a dotés de ces facultés splendides dont elle se sert pour donner l'impulsion au progrès des sociétés. Cependant on peut déplorer l'ingratitude de l'opinion publique à l'égard d'Arkwright. Il ne fut ni aimé ni honoré dans le comté de Lancastre, et pour s'en venger il suscita la concurrence du comté de Lanark, disant, par allusion à son premier état, « qu'il trouverait un rasoir en Écosse pour faire la barbe à Manchester. »

La rivalité s'établit en effet ; mais il est permis de croire que l'intervention d'Arkwright ne fit qu'accélérer le cours naturel des choses. Glasgow n'avait pas pris moins de part que Manchester à la révolution industrielle. Le comté de Lanark avait produit Watt et Adam Smith ; pendant que le comté de Lancastre enfantait Hargreaves, Crompton et Arkwright, c'est-à-dire que, celui-ci fournissant l'action, celui-là avait donné la pensée. Quoi de plus juste que d'importer la filature au cœur de l'Écosse, quand on lui empruntait, avec la vapeur, le moyen d'utiliser forces latentes que le sol de l'Angleterre recélait ?

Au reste l'impopularité d'Arkwright n'était pas seulement celle qui s'attache aux débuts de tout inventeur. Les gens du Lancashire détestaient en lui l'excès des qualités et des défauts qu'ils apportaient eux-mêmes dans le monde industriel. Arkwright était le type le plus complet, le plus absolu, le plus vrai de cette race de parvenus qui joint une activité sans repos à une ambition sans bornes. Voilà ce qui le rendait pour les manufacturiers, ses concurrens et ses compatriotes, une sorte d'ennemi public.

« Les traits les plus marqués du caractère d'Arkwright, dit M. Baines, étaient une ardeur, une énergie et une persévérance étonnantes. Il travaillait ordinairement à la direction de ses nombreuses entreprises depuis cinq heures du matin jusqu'à neuf heures du soir, il avait déjà plus de cinquante ans lorsqu'il s'aperçut que le défaut d'éducation devenait pour lui un grand obstacle dans la gestion de ses affaires et dans sa correspondance en particulier. Il prit aussitôt une heure sur son sommeil pour apprendre les règles de la grammaire anglaise, et une autre heure pour se perfectionner dans l'écriture ainsi que dans l'orthographe. Il supportait impatiemment tout ce qui venait l'arrêter dans la poursuite de ses desseins, et, ce qui le prouve d'une manière bien caractéristique, il se sépara de sa femme, après quelques années de mariage, parce que celle-ci, craignant qu'il ne réduisît sa famille à mendier en travaillait à ses combinaisons au lieu de raser ses pratiques, avait détruit les modèles des machines qui servaient à ses expériences. Arkwright économisait strictement le temps. Pour ne pas perdre un instant, il voyageait avec la plus grande vitesse dans une voiture à quatre chevaux. Le nombre et l'importance des établissemens qu'il avait entrepris dans les comtés de Derby, de Lancastre et de Lanark, montraient l'aptitude merveilleuse qu'il avait pour les affaires, ainsi que l'étendue d'un esprit qui embrassait tout. Dans la plupart de ces entreprises, il avait des associés ; mais il s'arrangeait toujours de manière à gagner encore lorsque ceux-ci perdaient. Telle était sa confiance illimitée dans le succès de ses machines, ainsi que dans la richesse qui devait en résulter pour l'Angleterre, qu'il attachait peu d'importance à toute discussion sur les taxes, et avait coutume de dire qu'il paierait la dette du pays. Les plans d'un pareil spéculateur devaient êtres vastes et hardis ; il se proposait d'entrer dans les opérations commerciales les plus étendues, et il ne rêvait rien moins que d'acheter le coton produit par le monde entier pour tirer de ce monopole d'énormes profits. »

Lorsque Arkwright formait ces projets, des projets que semblaient autoriser la grandeur et la rapidité de sa fortune, vers 1792, l'Angleterre n'importait guère annuellement que 3 à 400,000 quintaux de coton en laine ; les produits de la manufacture étaient évalués à 80 ou 100 millions de francs, et occupaient moins de 100,000 ouvriers. Le rêve était donc ambitieux, mais il ne franchissait pas les limites du possible. De nos jours, Arkwright pourrait passer pour un spéculateur bien timide, en présente de ces capitalistes de Liverpool qui opèrent annuellement sur plus de 5 millions de quintaux, et contre lesquels les fabricans de Manchester viennent de se liguer pour arrêter la hausse artificielle du coton. Ceux-ci, à leur tour, mènent des opérations gigantesques, et que l'imagination peut à peine embrasser. Je sais telle filature de Manchester qui occupe 1,500 ouvriers. On cite une maison de commerce de la même ville qui exporte annuellement 30,000 balles de coton filé ou de tissus, et qui paie pour ce poids de 15,000 tonnes près de 800,000 francs en frais de péage jusqu'au port d'où ces marchandises s'expédient [6]. Enfin, n'est-ce pas un manufacturier du Lancashire qui s'écriait, enivré par la contemplation de cette omnipotence industrielle : « Qu'on nous ouvre l'accès d'une autre planète et nous nous chargeons d'en vêtir les habitans ? »

Mais laissons là les exemples individuels. Quoi de plus surprenant que les accroissemens de Manchester lui-même ? Au commencement du dernier siècle, Manchester était une ville de petits marchands et de petits fabricans, qui achetaient des tissus écrus à Bolton et dans les villages voisins, pour les teindre et les colporter ensuite, à dos de cheval, de marché en marché. Le commerce alors, n'ayant pas de capitaux, se tramait dans les opérations du détail. Les fabricans vivaient avec une extrême économie, travaillaient et mangeaient avec leurs domestiques ; une maison bâtie en brique était le luxe de ce temps-là. La fabrication proprement dite était dispersée dans les chaumières. Le tisserand était une espèce de manufacturier domestique, qui achetait le fil, quand sa famille ne pouvait pas le fournir, et qui vendait ensuite l'étoffe, sur le prix de laquelle il devait retrouver, avec ses avances, le salaire de son travail. La manufacture, à Manchester, se bornait aux opérations chimiques, à la teinture et à l'apprêt ; pour tout le reste, le capitaliste urbain n'était, comme le fabricant de Lyon aujourd'hui, qu'un commissionnaire ou un marchand.

En 1760, la manufacture de coton, concentrée dans le Lancashire, occupait 40,000 ouvriers, tisserands pour la plupart. A vingt ans de là, malgré les développemens que cette fabrication avait pris, Manchester ne omptait pas 50,000 habitans. En 1800, la force de production dans cette cité industrieuse n'était encore représentée que par 32 machines à vapeur valant 430 chevaux.

On connaît les humbles débuts de la puissance mécanique dans l'industrie. Les machines, dans les manufactures, étaient mues par des ânes ou par des chevaux, et manœuvrées par des enfans. Le premier inventeur de la filature, Wyatt, employa dix jeunes filles dans son établissement de Birmingham ; les premiers ouvriers d'Arkwright furent de jeunes enfans à Nottingham et à Crawford. La maison Peel en occupa jusqu'à mille dans ses ateliers. Ces formidables engins de l'industrie, que ses historiens, cherchant des analogies dans l'histoire, ont comparée aux cent bras du géant Briarée, eurent d'abord pour instrumens des apprentis de l'âge de six à douze ans, que l'on allait chercher par troupes dans les maisons de charité. Ce sont des orphelins ou des enfans abandonnés qui ont élevé, de leurs faibles mains, le temple des manufactures, et qui ont peuplé d'une foule maintenant exubérante les districts manufacturiers.

L'acte de la quatorzième année de George III, qui fait remise du droit additionnel de 3 pence par yard sur les calicots fabriqués en Angleterre, dit en propres termes, pour expliquer la concession, que plusieurs centaines de pauvres gens sont employés dans les établissemens nouveaux. Cette population va toujours croissant, bien que chaque progrès de la mécanique ait pour effet de diminuer le nombre des ouvriers nécessaires dans chacune des opérations de l'industrie. Un ouvrier fileur produit maintenant en un jour plus qu'il n'aurait produit autrefois en une année ; M. Baines a calculé que 150,000. fileurs dirigeant autant de mule-jennys faisaient l'ouvrage de 40 millions de fileurs travaillant au rouet. Depuis L'invention du métier self-acting et du tissage mécanique, la production tend encore à s'accroître, car la manufacture est purement automatique, et l'homme n'a plus qu'à surveiller dans ses effets l'action de l'eau et de la vapeur.

Les progrès de la population dans le Lancashire s'expliquent par ceux de la production. Pendant que le nombre des habitans montait pour le comté de 300,000 à 1,660,000, et pour Manchester de 40,000 à 306,000, la manufacture de coton, dans le royaume, portait sa consommation annuelle de 3 millions de livres à 600.millions, et la valeur de ses produits s'élevait, malgré la réduction continuelle des prix, de 800,000 livres sterling à 36,000,000. Aujourd'hui, le Lancashire possède les trois cinquièmes des établissemens consacrés à la filature et au tissage du coton, et plus de cent filatures existent dans la seule ville de Manchester.

Rien au monde n'est plus curieux que la topographie industrielle du comté de Lancastre. Manchester, comme une araignée diligente, est posté au centre de la toile, étendant des chemins de fer vers ces auxiliaires de la fabrique, villages autrefois, villes aujourd'hui, qui ne forment plus que des faubourgs de la grande cité. Le chemin de Leeds met à une lieue de Manchester Oldham avec ses 60,000 habitans, Bury, Rochdale et Halifax, dont chacun compte de 24,000 à 26,000 ames ; le chemin de Bolton rattache à cette ville Bolton, Preston, et Chorley, qui ont ensemble plus de cent filatures et 114,000 habitans ; sur le chemin de Sheffield, il ne faut que quelques minutes pour atteindre les établissemens de Staley-Bridge, Ashton, Dukinfield et Hyde, peuplés de plus de 80,000 personnes ; le chemin de Birmingham incorpore, pour ainsi dire, à Manchester les 50,000 habitans de Stockport, et celui de Liverpool lui rallie Wigan et Warrington. Quinze ou seize foyers d'industrie rayonnent ainsi autour de cette grande constellation.

Un commande, partie de Liverpool le matin, est discutée entre les fabricans à la bourse de Manchester vers l'heure de midi ; le soir, elle est déjà distribuée entre les manufactures des environs. En moins de huit jours, le coton filé à Manchester, à Bolton, à Oldham ou dans les environs d'Ashton, est tissé dans les ateliers de Bolton, de Stalcy-Bridge ou de Stockport, est teint et imprimé à Blackburn, à Chorley ou à Preston, apprêté, auné et empaqueté à Manchester. Par cette division du travail entre les villes, dans les villes entre les fabriques, et dans les fabriques entre les ouvriers, l'eau, la houille et les machines travaillent sans fin ; l'exécution va presque aussi vite que la pensée ; l'homme participe en quelque sorte à la puissance de création, et il n'a qu'à dire : « que les produits existent, » pour que les produits soient.

Manchester, qui tient à ses ordres et comme sous sa main toutes ces agglomérations industrielles, est lui-même l'agrégation la plus extraordinaire, la plus intéressante et à quelques égards la plus monstrueuse que le progrès des sociétés ait improvisée. La première impression ne prévient pas : le site manque de relief et l'horizon de clarté. A travers les brouillards qui s'exhalent de cette contrée marécageuse et sous les nuages de fumée que vomissent les ateliers, le travail y a quelque chose de mystérieux et de semblable à l'activité souterraine d'un volcan. Point de grandes lignes ni de hauteurs qui guident l'œil en l'aidant à mesurer ce vaste ensemble. La ville ne se distingue ni par ces contrastes qui caractérisaient les cités du moyen-âge, ni par cette régularité que l'on remarque dans les métropoles de récente formation. Toutes les maisons, toutes les rues se ressemblent ; mais c'est l'uniformité au sein de la confusion. En y regardant de près, on découvre pourtant un certain ordre. Manchester est situé au confluent d'une petite rivière, l'Irwell grossie de l'Irk, et d'un ruisseau, le Medlock. L'Irwell sépare Manchester de son faubourg principal, de la vieille ville qui a donné son nom au district (hundred) de Salford ; sur la rive gauche du Medlock est une autre annexe de Manchester, Chorlton on Medlock, qui n'avait que 675 habitans en 1801 et qui en compte aujourd'hui 30,000. Les manufactures et les usines forment comme une enceinte autour de la ville et suivent le cours des eaux. On les voit dresser leurs sept étages le long de l'Irwell et sur le bord des canaux qui, pénétrant plus avant dans Manchester, y forment une ligne intérieure de navigation. Les eaux de l'Irk, eaux noires et puantes, servent aux tanneries et aux teintureries, celles du Medlock aux ateliers d'impression, aux fabriques de machines et aux fonderies. Les bords de l'Irwell, qui semblent avoir été le siège primitif de cette civilisation, en demeurent aujourd'hui le centre. Les édifices municipaux sont dispersés le long de son cours. En descendant de la colline où s'élève la maison des pauvres, on rencontre les bâtimens du collége, la vieille église (Old Church), la bourse, et de l'autre côté de la rivière le palais de justice ainsi que la prison. De Pendleton à la route de Londres, une grande rue brisée, qui traverse la ville de l'ouest à l'est, étale à ses deux extrémités les boutiques auxquelles les ouvriers s'approvisionnent, et au centre, dans Market-Street, dans Piccadilly, les magasins ouverts au luxe, les librairies, les ateliers des journaux. Le quartier aristocratique de Mosley-Street, qui coupe Market-Street à angle droit, réunit les comptoirs où les fabricans de Manchester et des environs se mettent en contact avec le mouvement des affaires. Dans l'angle des deux rues sont concentrés les dépôts de matières premières et de marchandises fabriquées. Les chemins de fer, comme étant les derniers venus, s'arrêtent aux points extérieurs de cette circonférence, ceux de Liverpool et de Bolton à l'ouest, ceux de Leeds, de Sheffield et de Birmingham à l'est.

Il résulte de ces combinaisons indifférentes en apparence une grande économie de temps et d'argent dans la production. L'on peut se plaindre de ce que l'espace n'a pas été ménagé pour les hommes, de l'absence de places publiques, de fontaines, d'arbres, de promenades et de logemens aérés ;

mais à coup sûr il était difficile de rapproche davantage les produits du marché, les machines de leurs moteurs, et la fabrication des moyens de transport. Les chemins de fer arrivent portés sur des arcades jusqu'à l'endroit où il cesse d'être incommode d'aller les chercher, et quant aux canaux, ils passent sous les rues et se ramifient dans tous les quartiers, amenant les bateaux de charbon jusqu'à la porte des filatures ou jusqu'à la gueule des fourneaux.

Manchester ne présente ni le mouvement de Liverpool ni celui de Londres. Durant la plus grande partie de la journée, la ville est silencieuse et paraît déserte. Les transports glissent sans bruit sur les canaux, non pas au pied des palais comme à Venise, mais entre deux haies de filatures qui se partagent l'air, l'eau et le feu. Les convois roulent sur les chemins de fer, et font voyager les multitudes aussi facilement que les individus autrefois. On n'entend que la respiration des machines s'échappant par les hautes cheminées en sifflemens de flamme, et lançant pour ainsi dire vers le ciel, en signe d'hommage, les soupirs de ce travail imposé à l'homme par Dieu.

A certaines heures de la journée, la ville s'anime. Les ouvriers, qui entrent dans les manufactures ou qui en sortent, remplissent les rues par milliers, ou bien c'est le moment où la bourse s'ouvre, et l'on y voit affluer les chefs de cette immense population de travailleurs ; mais, même dans les momens où les hommes donnent une libre carrière à leurs sentimens, le caractère sérieux et anguleux de Manchester ne perd rien de la raideur que lui communiquent les préoccupations trop exclusives de l'industrie.

Le docteur Taylor, qui a visité le Lancashire pendant la crise commerciale de 1841, et qui est un peintre un peu optimiste, quoique généralement exact, décrit, dans les termes suivans, les impressions que lui a laissées Manchester [7] : « C'est une ville d'affaires, où la recherche du plaisir est inconnue et où les amusemens sont à peine comptés pour une considération secondaire. Chaque personne que vous rencontrez dans la rue a l'air préoccupé et la démarche précipitée. On ne voit que très peu de voitures particulières ; il n'existe qu'une seule rue qui soit bordée de riches boutiques, encore est-elle d'une date récente. Parmi quelques bâtimens d'un style monumental, un seul est consacré aux récréations des habitans ; les autres appartiennent à la religion, à la charité, à la science ou aux affaires… la bourse de Manchester est le parlement des lords du coton, c'est leur assemblée législative, une assemblée qui promulgue des décrets aussi immuables que ceux des Mèdes et des Perses, mais dans laquelle, au rebours de tous les parlemens du monde, on fait beaucoup et l'on parle très peu. Des transactions d'une immense importance s'opèrent par des signes de tête, des clignemens d'yeux ou des mouvemens d'épaules, en comparaison desquels le laconisme des anciens Spartiates pourrait passer pour un bavardage insipide et puéril. On se souvient vaguement, et comme de bien loin, d'avoir vu un jour un homme causer à la bourse ; mais on en fait mention dans les termes dont on se servirait pour raconter que la sarabande a été dansée dans l'église de Saint-Pierre, ou qu'Arlequin a fait ses farces dans l'enceinte vénérable de Old bailey.

« Ce qui caractérise rassemblée, c'est le talent et l'intelligence appliqués aux grandes spéculations de l'industrie ; on n'y rencontre pas plus le génie que la stupidité. Mais si le niveau intellectuel n'est pas très élevé, il parait très évident qu'aucune faculté ne demeure sans emploi. Il m'est arrivé de visiter Manchester à une époque de prospérité et d'activité commerciales ; plus récemment je l'ai vu pendant la période de détresse et de stagnation. Dans la première de ces circonstances, un étranger aurait pu se croire jeté au milieu d'une de ces communautés de derviches dansans qui ont pour règle le silence et le mouvement perpétuel. Il semblait que chacun fût incapable de rester plus de trois secondes à la même place. Tout homme de Manchester a pour principe que « rien n'est fait tant qu'il reste quelque chose à faire. » Donnez-lui une occasion, et il entreprendra de pourvoir tous les marchés entre Lima et Pékin, et il sera horriblement vexé, si, par quelque distraction, il a omis un petit village qui aurait pu acheter un écheveau de ses fils ou une aune (yard) de ses tissus.

« L'aspect de la bourse, dans cette période de détresse, est vraiment effrayant. La contenance des habitués est sombre et inquiète ; l'ardeur des esprits s'est changée en obstination. Les manufacturiers paraissent sentir que les bénéfices, sinon les capitaux, leur glissent dans les mains, et ils ont pris la détermination bien arrêtée de supporter une certaine somme de pertes, mais de ne pas se laisser entraîner au-delà. Que les affaires soient actives ou lourdes, la bourse ne dure guère plus d'une heure. Dès que l'horloge sonne deux heures après midi, l'assemblée s'écoule insensiblement et sans bruit ; avant trois heures, l'édifice est aussi vide et aussi abandonné qu'une des catacombes d'Égypte. »

Ces habitudes se ressentent de l'origine de la population. Dans nos villes manufacturières, la fabrique s'est greffée sur un état social préexistant. Mulhouse était une ville libre et avait des traditions politiques qui ont donné une physionomie particulière à son industrie ; on dirait une famille, ou plutôt un clan de fabricans, tant ils se soutiennent les uns les autres, et tant les ouvriers y sont paternellement traités. Lyon est une ville littéraire et religieuse aussi bien qu'industrielle ; la noblesse et le clergé y ont leurs quartiers séparés, du fond desquels ils prennent part au gouvernement de la cité.Rouen appartient aux gens de loi non moins qu'aux possesseurs des manufactures et aux propriétaires fonciers. Il y a là tous les élémens dont le concours forme ce que l'on appelle la société. Mais à Manchester, l'industrie n'a pas trouvé autre chose qu'elle-même. Tout y est semblable et tout y est nouveau ; il n'y a que des maîtres et des ouvriers. La science, que les besoins de l'industrie contribuent souvent à développer, commence à se fixer dans le Lancashire : Manchester a une société de statistique, et la chimie y est en honneur ; mais la littérature et les arts y sont lettre morte. Le théâtre ne sert pas à épurer le goût, et ne fournit guère que ce qu'il faut à une foule occupée, des amusemens grossiers. Dans les opinions politiques, c'est le radicalisme qui prévaut. Parmi les sectes religieuses, les plus récentes sont les mieux accueillies : Manchester renferme plus de méthodistes, de quakers et d'indépendans que de partisans de l'église établie. Cette ville réalise en quelque sorte l'utopie de Bentham. Tout s'y mesure en effet à la règle de l'utile, et le beau, le grand, le noble, ne sortiront certainement que de cette source, s'ils y naissent jamais.

Si le luxe des voitures et des chevaux est inconnu aussi bien que toute autre recherche, cela ne vient pas seulement de l'économie ni de l'austérité que les manufacturiers font régner dans leurs ménages ; cela tient aussi, cela tient surtout à l'absence des classes supérieures, qui, et la nouvelle aristocratie comme l'ancienne, ne vivent pas a Manchester. La ville proprement dite, le docteur Kay Shuttleworth l'avait remarqué avant moi [8], n'est guère habitée que par les boutiquiers et par les ouvriers. Les marchands et les manufacturiers font leur résidence hors des faubourgs dans des villas qu'entoure un parc ou un jardin. Cette existence bornée à l'horizon un peu étroit de la famille exclut les relations de société ; c'est une espèce d'absentéisme local. Il arrive ainsi que, les comptoirs se fermant et les pulsations des machines s'arrêtant à la chute du jour, tout ce qui était la pensée, l'autorité, la force impulsive, l'ordre moral dans cet immense atelier, disparaît sur l'heure. La couche supérieure de la société se replie sur les campagnes ; Manchester est abandonné jusqu'au lendemain aux ouvriers, aux cabaretiers, aux mendians, aux malfaiteurs, aux filles de joie et à la police, qui doit faire régner dans ce pêle-mêle un peu d'ordre matériel [9].

Comment cette population va-t-elle employer les deux ou trois heures qui lui restent entre le travail de la manufacture et le sommeil ? Il semble d'après une journée de quatorze heures, durant laquelle le mari travaillant d'un coté, la femme et les enfans de l'autre, le ménage est forcément dissous, les membres de la famille devraient être heureux de se retrouver et de respirer un moment ensemble ; mais le foyer domestique, par la faute des circonstances autant que par la faute des habitudes, n'a pas de charmes pour l'ouvrier. Après un repas fait à la hâte, hommes, femmes, enfans, errent dans les rues ou s'acheminent vers les cabarets. Quand on parcourt le soir les quartiers pauvres d'Angel-Meadow, de Garden-Street, de New-Town, de Saint-George-Road, d'Oldham-Road, d'Ancoats-Street et celui que l'on désigne sous le nom de Petite-Irlande, l'on aperçoit les portes des maisons ouvertes, et la foule vous coudoie ; si le temps est froid ou pluvieux, le cabaret se remplit et la rue se vide ; par un temps serein, c'est la voie publique qui fait tort au cabaret.

On distingue aisément, au milieu de ces multitudes, les ouvriers irlandais d'origine, qui sont au nombre de 35,000 à 40,000 à Manchester [10]. Les

Anglais vont par petits groupes ou s'isolent entre eux, à moins qu'ils n'aient à débattre un intérêt commun et du moment, tel qu'une augmentation des salaires ou une réduction dans les heures du travail. Les Irlandais sont perpétuellement à l'état d'agitation. Souvent ils s'assemblent par centaines au coin de la route d'Odham, et d'Ancoats-Street. Un d'entre eux lit à haute voix les nouvelles d'Irlande, les adresses d'O'Connell ou les circulaires de l'association puis le tout est commenté sans fin et à grand bruit dans ces rangs pressés. Ils sont si étroitement organisés, et, pour nous servir du terme militaire, ils sentent tellement leurs coudes, qu'en un clin d'œil et au premier signal mille à deux mille sont réunis sur un point donné.

Il y a quelques années, les ouvriers irlandais formaient la partie la plus abjecte de la population ; leurs demeures étaient les plus sales et les plus malsaines, et leurs enfans les plus négligés. C'était dans les caves habitées par les Irlandais que se distillaient en fraude des spiritueux grossiers. La misère, la fièvre, l'ivrognerie, la débauche et le vol y étaient en permanence. Là se retiraient de préférence les vagabonds et les malfaiteurs. Tous les jours, quelque rixe éclatait dans ces affreux quartiers, ou quelque crime les ensanglantait.

Ces faits, dont on trouve la trace dans toutes les enquêtes parlementaires ou administratives publiées depuis douze ans, sont aujourd'hui notablement changés ; Les prédications du père Mathieu, secondées par les efforts du clergé catholique, ont commencé à relever ces malheureux de leur dégradation. Ils s'enivrent moins, et par suite les rixes sont moins fréquentes. Le dimanche 22 juillet 1843, vingt mille d'entre eux avaient pris l'engagement de s'abstenir de liqueurs fortes (taken theIhe pledge) ; le lundi, la police ramassait moitié moins d'ivrognes et de délinquans. Les cabaretiers (publicans) jetaient les hauts cris. Tel palais du gin qui avait coutume de réunir cinquante hommes à la fois n'en comptait que quinze ou vingt. Ce qu'il y a de plus remarquable, c'est la surveillance exercée par le clergé sur l'éducation des enfans. Dans cette ville, où les enfans en bas âge, livrés à eux-mêmes, courent les rues pieds nus et en haillons, pendant que leurs parens s'enivrent, et où la police en recueille plus de cinq mille par an égarés ou abandonnés, les prêtres catholiques tiennent le soir les chapelles ouvertes, comme une espèce d'asile où les jeunes filles et les jeunes garçons passent le temps à chanter des cantiques et à écouter la parole de leur pasteur. J'ai vu le dimanche cinq à six mille de ces enfans défiler processionnellement sous la bannière de saint Patrick, et la demi-propreté, la décence de cette foule enfantine, est le progrès le plus grand, ainsi que le plus inattendu, qu'il m'ait été donné de constater. Somme toute, l'ordre apparent a gagné à Manchester. Depuis l'établissement de la nouvelle police, les rues sont plus tranquilles, sinon plus sûres. On n'a plus besoin, comme il y a douze ans, de mettre en réquisition tous les dimanches des constables-spéciaux pour tenir la voie publique libre et les mauvais sujets à distance, au moment où les familles vont entendre le service divin [11]. Une force de 390 hommes, sous la direction énergique du surintendant M. Beswick, suffit à réprimer les contraventions et les délits dans une ville dont la population excède celle de Liverpool, ce qui prouve que les mœurs à Manchester sont moins violentes et les habitans plus occupés.

En dépit de cette amélioration purement extérieure, les crimes et les délits semblent être en voie d'accroissement. Les tableaux publiés par le colonel Shaw, et dont on conteste, il est vrai, l'exactitude à quelques égards, portent le chiffre des arrestations à 12,417 pour l'année 1840, à 13,345 pour l'année 1841, et à 8,342 pour les sept premiers mois de 1842, ce qui supposerait pour l'année entière un total de 14,300. Les renseignemens que j'ai recueillis pour 1843, en attendant la publication des comptes-rendus officiels, admettent un nombre moyen de 40 à 50 arrestations par jour, ou de 15 à 18,000 par année. Ce serait, à peu de chose près, la proportion de Liverpool, et la ville de fabrique descendrait ainsi au niveau du port de mer.

Il faut reconnaître que Manchester joint à son caractère industriel celui d'une ville de passage ; c'est une hôtellerie, un marché et en quelque sorte un port intérieur. 100,000 étrangers l'habitent ; on évalue à 8,000 par jour le nombre des voyageurs qui arrivent ou qui partent par les chemins de fer. Enfin, sur 27,106 personnes admises dans l'asile de nuit en 1842, 24,986 étaient des émigrans venus de l'Irlande, de l'Écosse ou des autres comtés. Ces foules nomades doivent entrer pour beaucoup dans les désordres que la police locale est chargée de surveiller, d'arrêter et d'enregistrer.

PRINCIPAUX DÉLITS

< center contre les personnes et contre l'ordre en 1840

Meurtre et tentative de meurtre 15
Violences avec effusion de sang 10
Tentative de viol, etc 17
Rixes et violences (common assaults) 852
Violences commises contre les agens de l'autorité   523
Tapage dans les rues 1,946
Tapage fait par des prostituées 390
Ivresse   1,188

PRINCIPAUX DÉLITS CONTRE LES PROPRIÉTÉS

Vols avec violence ou avec effraction   211
Vols simples   3,203

Filouteries 285

Faux et fausse monnaie   72

Escroqueries   66

Recel 135

Gens suspects arrêtés au moment de commettre un vol   2,053

Vagabonds 872

Gens qui abandonnent leur famille   82

On voit que, si les crimes contre les personnes sont plus rares qu'à Liverpool, les délits commis contre les propriétés sont pour le moins aussi nombreux. Les malfaiteurs de profession n'affluent peut-être pas à Manchester comme dans les métropoles du commerce et de l'aristocratie, les lieux où se forme la richesse convenant beaucoup moins aux criminels expérimentés que les endroits où l'on se réunit pour jouir et pour dépenser ; mais, en revanche, la population laborieuse y contracte des habitudes de fraude et de larcin qui altèrent profondément dans les familles la notion de la probité. Le vol des matières premières se pratique universellement dans les fabriques de Manchester, comme à Lille, à Reims et à Lyon. Ces délits, légers en apparence que la répétition des mêmes actes aggrave, quand ils ne passent pas inaperçus, restent le plus souvent impunis [12]. C'est là l'exercice qui développe les mauvais penchans, et avec lequel se familiarisent de bonne heure les femmes ainsi que les jeunes garçons. Aussi les filles de fabrique, à Manchester, trouvent difficilement à se placer dans le service domestique ; on leur préfère les jeunes filles de la campagne, comme offrant des garanties supérieures de moralité.

De 1836 à 1842, le nombre des crimes et des délits s'est accru, en Angleterre, dans l'effrayante proportion de 50 pour 100. L'accroissement s'est élevé à 100 pour 100 dans les comtés manufacturiers. Les femmes et les enfans y prennent, on le sait, une bien large part. Cependant Manchester, sur ce point, n'approche pas de Liverpool. En effet, les femmes commettent, à Liverpool, 51 pour 100 des délits de toute nature, et seulement 43 pour 100 à Manchester. La différence devient encore plus sensible, si l'on s'en tient aux délits qui ont de la gravité ; les femmes, à Liverpool, entrent pour 5 pour 100 dans les faits renvoyés devant les assises, pendant qu'elles ne figurent, à Manchester, dans la même catégorie, qu'à raison de 23 pour 100. On observe une différence analogue entre les deux villes dans le nombre et dans la qualité des jeunes délinquans. Suivant un tableau dressé par M. Rushton [13], les jeunes délinquans renvoyés devant les assises représentent, à Liverpool, 22 1/4 pour 100 du nombre total des prévenus, et 13 3/4 pour 100 à Manchester ; la proportion, à Londres, est de 19 à 20 pour 100. Ce magistrat fait remarquer encore que les récidives, qui sont, à Liverpool, de 36 1/2 pour 100 parmi les détenus adultes, et de 66 pour 100 parmi les jeunes détenus, sont, à Manchester, de 33 ¾ pour 100 dans la première classe, et dans la seconde de 43 pour 100.

La prostitution n'a pas, dans les villes manufacturières, la même hardiesse ni la même publicité que dans les capitales et dans les ports de mer ; pour s'afficher moins effrontément, y est-elle moins répandue ? C'est ce qu'il vaut la peine d'examiner. Les prostituées, à Liverpool, exercent très activement la surveillance de la police. Vols, rixes, tapage, ivresse, on les retrouve dans tous les désordres, et les ennuis qu'elles donnent à la force publique paraissent très clairement dans les rapports de la police, où leur nombre, leurs variétés et leurs moindres délits sont minutieusement relatés. A Manchester, ce qui prouve qu'elles laissent la police assez tranquille, c'est que le nombre même de ces malheureuses créatures est à peine indiqué dans les comptes-rendus, d'après lesquels on ne saurait s'en faire une idée. Ainsi, le rapport de 1840 suppose 285 mauvais lieux, où résident 629 prostituées. Cependant, en parcourant, à l'entrée de la nuit, les seules rues voisines de la bourse, on en rencontrera certainement cinq ou six cents, à quoi il faut ajouter celles d'un ordre un peu plus élevé, qui ne descendent pas jusqu'à provoquer les passans. Un missionnaire, qui s'est livré à une enquête personnelle dans les districts manufacturiers, M Logan [14], affirme que Manchester renferme 1,500 prostituées.

Dans une reconnaissance nocturne dirigée par M. Beswick à travers le quartier général de la prostitution, j'ai remarqué que les abords en étaient généralement moins ignobles qu'ailleurs. Cela s'explique par le concours de deux circonstances qui sont décisives. En premier lieu, on comprend que les prostituées, si j'ose m'exprimer ainsi, les plus décentes accourent à Manchester, puisque Manchester est, en fait de débauche, le rendez-vous des gens comme il faut. « Il n'y a pas de maison de première classe à Rochdale, dit naïvement M. Logan, parce que les gentlemen visitent Manchester. » D'un autre côté, la prostitution officielle ne pourrait que glaner dans les rangs inférieurs d'une société où la prostitution clandestine est tellement répandue, et où la chasteté, au lieu d'être la règle parmi les femmes, tend de plus en plus à devenir l'exception.

Le nombre des femmes à Manchester excède [15] notablement celui des hommes ; dans une société protestante, qui repousse les communautés religieuses, cette disproportion entre les sexes doit mener une certaine irrégularité de mœurs. La nature a voulu que le nombre des mâles dominât dans les naissances, parce que, les chances de mortalité étant moins grandes pour les femmes, l'excédant disparaît et l'équilibre se rétablit bientôt, grace aux accidens ordinaires de la vie. Toute société dans laquelle les femmes sont beaucoup plus nombreuses ou beaucoup moins nombreuses que les hommes va donc contre l'ordre providentiel des choses, et doit tomber dans une infaillible dégradation. Les districts manufacturiers, où dominent les femmes et les enfans, ne se trouvent pas dans une bien meilleure position que les colonies pénales de l'Angleterre, où l'on compte deux hommes pour une femme, et la promiscuité doit y régner aussi à quelque degré.

Indépendamment de cette circonstance, le système manufacturier, tel qu'on le connaît aujourd'hui, est loin de favoriser la régularité de la conduite. En rassemblant tant d'hommes, tant de femmes et tant d'enfans, sans leur proposer un autre lien que le travail, on fait naître et fermenter des passions que l'on ne cherche pas ensuite à contenir, et qui finissent par se donner un libre cours. Le mélange des sexes et la chaude atmosphère des manufactures agissant sur l'organisation comme l'ardeur du soleil dans les pays méridionaux, la puberté se déclare avant que l'âge et l'éducation aient pu développer le sentiment moral. Les filles de fabrique ne connaissent pas la pudeur. Leur langage est grossier et souvent obscène ; quand elles ne se marient pas de bonne heure, elles forment des liaisons illicites qui les pervertissent encore plus que ces unions prématurées. Dans les intervalles du travail, on rencontre fréquemment, aux abords de la ville ou dans les rues écartées, des couples d'ouvriers et d'ouvrières que le caprice du moment a réunis. Quelquefois ils entrent ensemble dans les cabarets et s'accoutument ainsi à une double débauche. Toutes les enquêtes publiées depuis 1832 portent le même témoignage de la corruption des mœurs.

Il est vrai que dans les comtés agricoles les enfans illégitimes sont plus communs que dans les comtés manufacturiers ; mais cela ne prouve pas pour la moralité des pays de fabriques. « Il est rare, dit le docteur Samuel Smith interrogé dans l'enquête de 1832 [16], que dans les districts ruraux des relations illicites n'aient pas pour conséquence la naissance d'un enfant ; dans les districts manufacturiers au contraire, quand ces relations sont suivies d'une naissance, je dirai que ce fait est une exception. » Le docteur Hodgkin déclare, après lui, que la fécondité des femmes diminue lorsque les relations entre les sexes commencent de bonne heure et mènent à une sorte de promiscuité. Le docteur Malyn ajoute que l'ardeur déréglée qui prend sa source dans un développement prématuré des penchans animaux a pour effet de nuire à la reproduction. Le révérend Ball est du même avis, et dit avec une énergie purement biblique : « Le nombre des femmes qui s'abandonnent à la prostitution, dans les manufactures, est si grand, qu'elles ne peuvent plus concevoir. Une enfant qui vient à mon école du dimanche est déjà notoirement une prostituée. »

La licence qui règne dans les rangs épais de cette population est arrivée à un degré tel que la statistique est ici impuissante, et que l'observation personnelle, sans mesurer le mal dans toute son étendue, peut seule en donner une idée. Voici du moins un fait qui m'a vivement frappé, comme attestant cette froide régularité dans la débauche qui suppose l'absence du sens moral. En pénétrant dans un bouge du dernier ordre, j'aperçus une jeune fille d'une tenue assez décente, qui paraissait être employée au service de la maison. Son maintien présentait un si grand contraste avec les façons cavalières des habituées, que je voulus savoir ce qui avait pu la jeter dans un pareil lieu. Le surintendant de la police ayant eu la bonté de poser les questions pour moi, nous apprîmes, à n'en pouvoir pas douter, que cette jeune ouvrière, après avoir travaillé pendant treize heures dans une fabrique, venait chaque soir aider la maîtresse à faire disparaître les traces de l'orgie de la veille, et suppléer ensuite, quand il le fallait, dans leur noble métier, les Messalines de l'endroit. Les habitudes du travail jointes à celles de la débauche ! L'ordre et en quelque sorte la retenue dans le vice le plus abject ! n'est-ce pas là un symptôme caractéristique en même temps qu'une monstruosité ?

On comprend que, dans une ville où la jeunesse laborieuse a de tels commencemens, les liens de famille ne soient ni bien étroits ni bien solides. Les comptes-rendus de la police portent 82 personnes arrêtée en 1840 et 122 dans les six premiers mois de 1842, pour avoir abandonné leurs enfans ; ce qui prouve que les hommes entrent dans le mariage sans en connaître les obligations, et qu'ils rejettent le fardeau avec la même légèreté qu'ils avaient mise à s'en charger. L'enquête parlementaire de 1834 sur l'ivrognerie [17] cite quelques détails qui peuvent faire juger la moralité et la destinée de ces ménages. « Dans une seule filature qui comptait 170 ouvriers, en moins de trois ans, 24 se marièrent, savoir 13 femmes et 11 hommes. Parmi les femmes, une avait eu trois enfans avant d'avoir atteint sa vingt-deuxième année, quatre avaient eu chacune deux enfans avant cet âge, dix étaient mères ou enceintes avant de se marier. Après douze mois de mariage, quatre s'étaient déjà séparées de leurs maris. Sur les treize une seule était en état de faire une chemise pour son mari, et quatre seulement en état de raccommoder le linge de la maison. Des onze ouvriers, quatre savaient signer leurs noms, et deux pouvaient faire une addition de quatre chiffres ; mais ils avaient tous appris à jouer aux cartes dans les cabarets. »

La passion des liqueurs fortes ne fait pas à Manchester les mêmes ravages qu'à Liverpool ni qu'à Glasgow. Cependant les cabarets y sont innombrables, et c'est là que l'ouvrier va dissiper ses rares momens de loisir. Suivant le catalogue officiel de 1840, Manchester compterait 1,314 cabarets, dont 502 boutiques de spiritueux (public houses) et 812 boutiques de bière (beer houses). Les échoppes des rogomistes (dram-shops) ne semblent pas être comprises dans cette énumération, non plus que 400 petits restaurateurs (licensed victuallers). Encore faudrait-il ajouter, pour être complet, les quantités de spiritueux distillés en fraude dans les ménages irlandais, et qui échappent au contrôle de la police aussi bien qu'à l'action du fisc. Le progrès de l'ivrognerie à Manchester est nettement indiqué, dans l'enquête de 1834, par M. Braidley, qui déclare que, si la population s'est accrue de cent pour cent, le nombre des débits de genièvre et de whiskey a quadruplé dans le même espace de temps.

Il y a vingt ans, l'ivresse à Manchester était réputée encore un plaisir honteux. On n'entrait dans les cabarets qu'à la dérobée et par des portes bâtardes (private doors) ; pour toute enseigne à ces lieux de débauche, une chandelle placée derrière la fenêtre jetait aux passans l'avertissement de douteuse clarté. Aujourd'hui que l'ivrognerie est entrée dans les mœurs, l'habitude a vaincu la honte, et ce qui faisait rougir les hommes n'embarrasse plus les femmes ni même les enfans. Peu à peu la lumière éclatante du gaz a illuminé les cabarets, les portes se sont élargies, l'échoppe est devenue une boutique, et la boutique une espèce de palais. L'attrait des jeux tolérés dans certaines maisons ne suffisant plus, on y a joint la musique, la danse et les spectacles qui peuvent plaire à un auditoire de gens dissolus. Les concerts au cabaret n'avaient d'abord lieu que dans la mauvaise saison. Aujourd'hui c'est pendant toute l'année que l'on entend, comme à Liverpool, retentir dans les salles hautes des lieux publics l'orgue, le piano ou le violon. Une de ces maisons, située non loin de la bourse et à l'entrée du pont Victoria, réunit chaque soir jusqu'à onze heures mille personnes à la fois. Le dimanche, pour diminuer le scandale, on module sur l'orgue ou sur le piano les tons plus graves des psaumes et des hymnes religieux [18].

Les débitans de bière, ne pouvant plus lutter à armes égales avec leurs fortunés rivaux les débitans de liqueurs, offrent aux consommateurs, pour les rappeler dans leurs échoppes, des facilités inouïes. Pendant que l'ouvrier est souvent réduit, pour s'enivrer de gin, à mettre en gage, dans l'une des cent cinquante boutiques de prêt que Manchester renferme, sa redingote ou le châle de sa femme, les cabarets à bière le relèvent de cet embarras en recevant le paiement de leur boisson en nature, en acceptant du beurre, de la farine, du sucre, et quelquefois des effets d'habillement. Les commis et les gens de la maison, quand cela ne suffit pas pour amener des chalands, vont raccoler les ouvriers à la sortie des manufactures. Enfin, et pour dernier argument, pendant que le public house veut être payé comptant, le beer house vend à crédit.

Un observateur déjà cité, M. Braidley, s'étant placé le soir à la porte d'un débit de liqueurs, compta dans l'intervalle de 40 minutes 112 hommes et 163 femmes qui venaient se joindre à la foule des consommateurs. Cela représente 412 personnes par heure ; il y a tel de ces repaires qui distribue son poison à deux mille personnes par soirée. Les femmes sont peut-être plus adonnées que les hommes à cette ivresse brutale ; on voit des mères assez insensées ou assez dénaturées pour la faire partager à leurs petits enfans, qui sucent le genièvre avec le lait. La passion des liqueurs fortes achève ainsi de détruire les relations de famille, auxquelles le travail des manufactures avait déjà porté une si rude atteinte. La manufacture sépare les enfans des parens et le mari de la femme ; la journée finie, chacun va où ses passions l'appellent : les hommes se partagent entre la bière et le genièvre ; les femmes n'ont pas le choix, et cherchent le soulagement ou l'oubli dans le poison le plus violent.

Les cabarets sont les dernières maisons qui se ferment et les premières qui s'ouvrent à Manchester. Dès cinq ou six heures du matin, les ouvriers des deux sexes, en se rendant aux filatures, entrent dans les boutiques de gin. On dirait que les manufacturiers eux-mêmes ont voulu favoriser ces déplorables habitudes, car c'est dans les cabarets que plusieurs d'entre eux distribuent aux ouvriers leurs salaires de la semaine ; ajoutez que les paiemens se font le samedi soir, à l'heure où les ouvriers étant de loisir cèdent plus facilement aux tentations semées sur leurs pas. Il y a mieux, les enfans employés dans certaines filatures reçoivent, outre leur salaire régulier, une prime de deux ou trois pence, qui est aussitôt dépensée en genièvre, comme si l'on avait à cœur de les initier avant le temps aux vices des hommes faits. N'est-ce pas ainsi que les peuples de l'antiquité encourageaient la dégradation des esclaves, de peur que, leur raison s'élevant, ils n'aspirassent à la liberté ?

Les ouvriers ont formé, depuis quelques années, avec le concours des manufacturiers, des associations ou instituts (mechanics institute) qui leur procurent un lieu de réunion, avec la jouissance d'une bibliothèque ; quelquefois même ils paient des professeurs pour leur faire des cours d'histoire, de physique ou de chimie. Malheureusement, cette ressource honnête contre l'ignorance et contre l'ennui est encore d'un usage très limité ; on ne compte jusqu'ici que cinq ou six instituts. Le cabaret en Angleterre est pour les ouvriers ce qu'était la place publique chez les anciens. C'est là qu'ils se rencontrent, qu'ils s'associent entre eux et qu'ils débattent leurs intérêts. Les réunions accidentelles et les réunions permanentes, les loges maçonniques, les sociétés de secours mutuel, les sociétés secrètes, se tiennent au cabaret. On comptait à Manchester, en 1834, 30,000 ouvriers affiliés à ces associations, autant de consommateurs obligés de bière ou de gin.

Le samedi soir et le dimanche sont les jours de la semaine où le peuple s'enivre. Pourquoi cet emploi de son repos ? par quelle conséquence des mœurs ou des institutions, le jour que la religion, après la nature, a consacré à relever l'homme du labeur quotidien, est-il follement abandonné en Angleterre à l'orgie ou à l'oisiveté ? Mettons de côté les autres causes de cette dépression morale ; il y a là un vice inhérent à l'état de la société moderne, vice qui se manifeste surtout de l'autre côté du détroit. Nous n'avons plus ni fêtes nationales ni fêtes religieuses. Les jeux athlétiques, auxquels nos pères avaient recours pour exercer sans fatigue les forces du corps, sont tombés en désuétude, et les cérémonies du culte, ces pompes qui faisaient perdre terre à l'esprit, qui le faisaient planer dans les régions supérieures, n'ont pas trouvé grace devant le sérieux de notre temps. Du moins, dans les villes catholiques, le goût des représentations scéniques a remplacé celui des spectacles religieux, et le théâtre pourrait devenir, sous l'impulsion d'un gouvernement intelligent, un puissant moyen d'éducation.

Dans les pays protestans, où le puritanisme étroit des idées s'oppose à tout divertissement extérieur, et n'admet pas d'autre nourriture intellectuelle que la Bible le jour du sabbat, les classes laborieuses, tenues dans une immobilité stupide, ne sauraient trouver une autre diversion à l'ennui qui les ronge que l'excitation de la boisson. Aussi, plus les mœurs sont rigoureuses sur l'observation du dimanche, et plus s'accroît dans les cabarets le nombre des habitués. L'Écosse est infiniment plus puritaine que l'Angleterre ; mais c'est aussi la terre classique de l'ivrognerie.

Je ne sais rien de plus repoussant que cette physionomie raide et refrognée des sectes protestantes. Tant que l'enthousiasme les anime, elles peuvent encore faire des prosélytes en violentant toutefois les amnes, et non en les charmant ; c'est ainsi que l'Écosse tout entière se levait à la voix du fougueux Knox, et les succès plus récens des méthodistes s'expliquent par les mêmes procédés. Dès que cet emportement sauvage s'éteint, la société protestante est littéralement coupée en deux. Placez-vous au milieu de Briggate-Street à Leedq de Mosley-Street à Manchester, de Lord-Street ou de Dale-Street à Liverpool. Quelles sont les famines que vous voyez se diriger vers les églises en silence et avec une attitude recueillie ? Il n'y a pas à s'y tromper : elles appartiennent presque exclusivement à la classe moyenne ; les ouvriers. restent sur le pas de leur porte, ou se rassemblent par groupes jusqu'à l'heure où, le service étant terminé, les cabarets vont s'ouvrir. La religion se présente à eux sous des dehors tellement sombres et avec des traits tellement durs ; elle affecte si bien de ne parler ni aux sens, ni à l'imagination, ni au cœur, qu'il ne faut pas s'étonner si elle demeure le patrimoine, le privilège du riche, et si elle fait du reste des palias.

Le caractère aristocratique de la société y contribue encore ; on va voir comment. Si le peuple, par un beau soleil, voulait sortir le dimanche de Manchester, où irait-il ? La ville n'a pas de promenades publiques ni d'avenues, pas de jardin ni même de champ communal. La population qui chercherait à respirer un air plus pur que celui des rues serait réduite à humer la poussière des grandes routes. Tout est clos dans les environs, tout est propriété particulière. Au milieu de ces campagnes de l'Angleterre, qui ressemblent à un perpétuel bosquet, les ouvriers de Manchester sont comme les Hébreux devant la terre promise qu'on leur laissait voir, mais où on leur défendait d'entrer. L'aristocratie s'est partagé le sol et y vit au large ; mais elle semble craindre d'en abandonner une parcelle pour les délassemens de ce peuple qui sert de marchepied à sa richesse et à sa puissance. Même les cimetières et les jardins de botanique sont fermés le dimanche [19]. Que reste-t-il donc, sinon le divertissement brutal du cabaret ?

Cette manière d'employer le jour du Seigneur n'est pas nouvelle à Manchester. En 1618, Charles Ier, revenant d'Écosse et traversant le comté de Lancastre, découvrit que les ouvriers, après avoir travaillé rudement durant la semaine entière, ne prenaient le dimanche aucune récréation. Il reconnut ensuite que les habitants des autres comtés souffraient du même fanatisme, quoique non au même degré, et il publia une déclaration, remise plus tard en vigueur par Charles II, qui protestait contre la violence faite aux inclinations du peuple par les prédicateurs puritains, et qui ordonnait « qu'après le service divin les hommes et les femmes eussent la liberté de se livrer à tous les délassemens licites, tels que la danse, le saut, la voltige, le tir à l'arbalète, la plantation des arbres de mai, et même, ce que les puritains devaient considérer comme un acte d'idolâtrie, que les femmes pussent décorer l'église de fleurs et de feuillage, suivant l'usage traditionnel. »

La révolution de 1688 fit avorter cette réaction remarquable des Stuarts entre les préjugés religieux de la Grande-Bretagne qui devint ainsi la bigote Angleterre, de la joyeuse Angleterre (merry England) qu'elle était. Lord John Manners avance, dans une brochure récente [20], que George Ier eut la pensée de restaurer les jeux et les fêtes populaires ; mais le pli était déjà pris, et que pouvaient les intentions individuelles d'un seul homme, même lorsque cet homme était le roi, contre l'esprit de secte qui s'était incorporé aux mœurs du pays ?

Dans les comtés manufacturiers la population laborieuse est exposée à des crises périodiques qui suspendent le travail, qui affament les familles, qui produisent en un mot les mêmes effets qu'une mauvaise récolte dans les districts ruraux. Sans parler d'ailleurs de cette détresse accidentelle, il y a dans les grandes villes industrielles un fonds de misère qui s'accroît d'année en année. Malgré l'élévation des salaires et la régularité du travail, Manchester se paupérise en vieillissant. En 1833, et avant la réforme de la législation qui régit les secours publics, le nombre des pauvres avait doublé à Manchester en quatre années [21], et les dépenses s'étaient élevées de 48,977 liv. sterl. à 53,799. La loi des pauvres, promulguée en 1834, en apportant une plus grande sévérité dans l'administration de la charité publique, réduisit le budget à 27,645 liv. sterl. ; mais l'accroissement ne tarda pas à se manifester de nouveau : les sommes dépensées en 1841 ont excédé 40,000 liv. sterl. ou 1 million de fr. En juillet 1843, j'ai trouvé dans la maison de charité plus de 1,200 habitans ; on sait qu'outre ce dépôt, Manchester comprend deux autres unions, celles de Chorlton et de Salford.

Le trait distinctif de la misère à Manchester, ce qui assimile peut-être cette population à celle de Paris, c'est la facilité avec laquelle les ouvriers se déterminent, quand la maladie les frappe, à entrer dans les hôpitaux. En 1831, 27,804 malades avaient été traités dans les infirmeries publiques [22] ; en 1840, le nombre des patiens fut de 42,964, ce qui représente un sixième de la population. À Paris, la moitié de la population va mourir dans les hôpitaux ou dans les hospices ; à Manchester, c'est là que naissent plus de la moitié des enfans [23] ; naître ou mourir hors de la famille et sous les auspices des institutions charitables, voilà deux faits qui accusent également l'état social.

Cette pauvreté extrême dans laquelle vivent tant d'ouvriers tient à la même cause qui assure à beaucoup d'autres une existence plus facile et l'emploi de leurs bras. Manchester, étant un grand marché pour le travail, doit être aussi un grand foyer de misère ; car si l'industrie, par son immense étendue, y présente plus de ressources, elle appelle aussi au plus haut degré la concurrence des travailleurs. Ceux-ci affluent de toutes les parties de l'Angleterre et de l'Irlande, et ils font tomber le salaire, en se le disputant, au taux qui suffit pour défrayer la subsistance des plus sobres ou des plus nécessiteux. Règle générale, quoiqu'il en coûte plus cher à Manchester que dans les petites villes des environs pour se loger et se nourrir, c'est à Manchester que l'on trouve les meilleurs ouvriers, que l'on obtient le travail le plus parfait, et qu'on le paie au plus vil prix.

Le bas prix du travail doit avoir des effets particulièrement funestes dans une contrée où la richesse fait partie de la civilisation. Ecoutons là-dessus le docteur Kay. « L'introduction dans les manufactures d'une race non civilisée (c'est-à-dire pauvre) ne tend pas même à augmenter la puissance de production proportionnellement au bon marché de son travail, et peut au contraire retarder l'accroissement du fonds destiné à soudoyer ce travail. Une pareille race n'est utile que comme une masse d'organisation animale qui consomme la plus petite somme de salaires Le bon marché tient au petit nombre de besoins qu'éprouvent ces hommes et à leurs habitudes sauvages. Lors donc qu'ils concourent à la production de la richesse, leur barbarie et la dégradation morale qui en est la conséquence doivent former un des termes de l'équation. Ils ne sont nécessaires qu'à un état commercial incompatible avec des salaires tels que les exige la civilisation. Après quelques années, ils deviennent une charge pour la société, dont ils ont déprimé les forces physiques et morales, et ils dissipent une richesse qu'ils n'ont point accumulée [24]. »

Une autre cause de cette misère est l'intempérance des travailleurs. A Manchester comme à Glasgow, l'on rencontre des familles qui dépensent en genièvre ou en whiskey plus qu'elles ne dépensent en pain. A Manchester comme à Londres et comme à Paris, les ouvriers les plus habiles ne sont pas ceux qui ont la meilleure conduite, et comme l'économie double le revenu, il arrive souvent qu'une famille qui a des habitudes d'ordre et de prévoyance vit mieux avec quinze francs par semaine que telle autre avec quarante francs. Le rapport de M. Chadwick en fournit des exemples nombreux.

La misère réagit à son tour et devient une cause d'intempérance ; c'est dans les quartiers les plus pauvres de Manchester que l'o trouve le plus grand nombre de cabarets. Cependant rien ne fait plus de tort au bien-être des classes laborieuses que la nature essentiellement flottante d'une partie de cette population. Les ouvriers forains de Manchester ne ressemblent point aux émigrans qui fréquentent le marché parisien ; ceux-ci sont des hommes et des enfans qui partent, au retour de la belle saison, de la Lorraine ou du Limousin, pour travailler pendant six à sept mois aux constructions de la capitale, en qualité de maçons, de tailleurs de pierre, de charpentiers. Ils ont un foyer et une famille aux champs, qu'ils n'abandonnent pas sans espoir de retour. Paris n'est pour eux qu'une vaste hôtellerie, où ils viennent amasser un petit pécule. Là même, ils vivent entre eux, formant une sorte de famille provinciale, et ne se mêlant pas aux vagabonds qui pullulent dans les garnis. La pensée d'un établissement lointain les garde contre la débauche et contre la dissipation. Les émigrans qui affluent à Manchester sont des familles entières, qui vont de ville en ville, de filature en filature, chercher de l'ouvrage, et qui n'ont de domicile nulle part. Ces malheureux habitent des garnis, où plusieurs ménages sont fréquemment entassés dans une seule chambre, à raison de 3 pence par lit. Un logement étroit et infect leur revient ainsi beaucoup plus cher qu'un logement salubre ne coûte à l'ouvrier domicilié. Mangeant dans les tavernes, ils ne peuvent pas se nourrir avec économie, à moins qu'ils n'adoptent le régime irlandais des pommes de terre (potato diet), et, pour combler la mesure, leur salaire est généralement inférieur à celui qu'obtiennent les ouvriers établis et connus. Il résulte des recherches faites par la Société de statistique [25] qu'en 1836, sur 169 mille habitans de Manchester et de Salford, 12,500 vivaient dans les garnis, et plus de 700 couchaient dans des caves avec les locataires de ces infâmes taudis.

Ce n'est pas tout : les ouvriers s'y rencontrant avec les mendians, avec les voleurs et avec les prostituées, de telles habitations sont également dangereuses pour leurs mœurs et pour leur santé. « Les propriétaires de ces nids à fièvre, dit le docteur Ferriar [26], placent dans chaque chambre autant de lits qu'elle en peut contenir ; ces lits sont tellement rapprochés les uns des autres, qu'un homme ne saurait passer dans l'intervalle. Le spectacle que ces endroits présentent pendant la nuit est vraiment lamentable : les lits sont remplis d'hommes, de femmes et d'enfans couchés pêle-mêle ; le plancher est couvert des haillons dégoûtans que ces gens viennent de quitter, ainsi que de leur bagage. Les exhalaisons nauséabondes et la chaleur de l'atmosphère sont intolérables pour quelqu'un qui vient du grand air. Pendant le jour, ces appartemens ne sont guère plus salubres. On y trouve généralement plusieurs personnes au lit : l'une est peut-être malade, l'autre se repose de la débauche de la nuit précédente, tandis qu'une troisième tue ainsi le temps parce quelle n'a pas d'occupation, ou dort le jour parce qu'elle vit de quelque œuvre de nuit. Les fenêtres restent constamment fermées, la ventilation est totalement négligée, et l'atmosphère viciée verse son poison aux nouveaux arrivans que l'habitude n'a pas rendus insensibles à ses effets. Là où les caves servent de logemens garnis, c'est l'arrière-pièce qui fait office de chambre à coucher, et cette pièce, n'ayant pas de fenêtre, ne reçoit l'air et la lumière que par la porte d'entrée. Aussi les ravages de la fièvre y sont-ils plus terribles qu'ailleurs. »

Les miasmes humains qu'exhale une foule condensée dans de pareils repaires sont des causes de fièvre et de contagion bien autrement formidables que la putréfaction des corps morts et la puanteur des rues mal pavées ou sans égouts. Le docteur Howard, qui est le praticien le plus expérimenté de Manchester, fait remarquer que les fièvres sévissent particulièrement en hiver dans cette ville, c'est-à-dire à l'époque de l'année où les garnis se peuplent outre mesure, et où le soleil ne darde pas cependant assez de chaleur pour décomposer les résidus d'une grande cité. En 1832 ; ce fut surtout dans les garnis que le choléra se fit sentir avec violence. Une seule maison perdit huit personnes sur dix-huit.

La densité de la population n'est pas aussi grande à Manchester qu'à Liverpool. La ville couvre un plus vaste espace [27], et les maisons, ont généralement peu de hauteur. Les classes laborieuses affectionnent aussi beaucoup moins les logemens souterrains ; il n'y a guère plus de 20,000 personnes qui habitent des caves, soit la moitié des troglodytes que renferme Liverpool. C'est ce qui fait que la mortalité est un peu moindre et qu'elle procède d'autres causes ; la fièvre, qui amène à Liverpool 6,78/100 décès sur 100, n'en produit que 5,61/100 à Manchester.

Jusqu'à l'invasion du choléra, l'état intérieur de Manchester n'avait éveillé la sollicitude de ses magistrats. A cette époque, un conseil de salubrité (board of health), organisé en toute hâte, visita les quartiers habités par les classes pauvres, et fit, sur ce qu'il avait vu, un rapport dont la substance, publiée par le docteur Kay, produisit dans toute l'Angleterre une profonde et douloureuse impression. L'enquête avait constaté que sur 687 rues 284 n'étaient pas pavées, que 53 ne l'étaient qu'en partie, que 112 étaient des impasses qui n'admettaient aucune ventilation, et que 352 contenaient des amas d'immondices ainsi que des eaux croupissantes et horriblement souillées. De 6,951 maisons visitées par les inspecteurs, 2,565 étaient infectées au point d'exiger immédiatement un lait de chaux, 960 tombaient en ruines, 1,435 étaient humides, 452 sans ventilation possible, et 2,221 manquaient des plus indispensables moyens de propreté. La description de quelques-unes de ces rues, empruntée à la brochure du docteur Kay, montrera dans quel abîme de fange et dans quelle atmosphère pestilentielle vivent les ouvriers les plus malheureux. Je choisirai les deux districts qui portent le nom de Petite-Irlande et de Gibraltar.

« Une langue de terre basse, marécageuse, exposée à de fréquentes inondations et à des exhalaisons empestées, est située entre un escarpement élevé sur lequel passe la route d'Oxford et un bras de la rivière Medlock, dont une vanne arrête le cours. Le sol, dans ce lieu insalubre, est tellement déprimé, que les cheminées des maisons, dont quelques-unes ont trois étages, atteignent à peine à la hauteur de la route. Deux cents maisons environ, entassées dans un espace aussi étroit, sont habitées principalement par la plus misérable classe d'irlandais. Plusieurs de ces maisons ont aussi des caves dont le sol est à peine au niveau du Medlock, et se trouve souvent couvert de quelques pouces d'eau. Là se réfugient les voleurs et les bandits qui ont déclaré la guerre aux lois, et ses habitans ordinaires ressemblent à des sauvages par leurs appétits ainsi que par leurs mœurs. La Petite-Irlande est située entre deux rangées des plus vastes manufactures de Manchester, qui vomissent la fumée en nuages épais suspendus au-dessus de cette insalubre région. »

Passons maintenant à l'autre extrémité de la ville, du côté de l'Irk, cette rivière auprès de laquelle la Bièvre, dans Paris, pouvait passer pour un courant d'eau pure, même avant d'avoir été nettoyée. « Au-dessous du pont Ducie, dans un creux profond et entre deux escarpemens élevés, l'Irk environne un groupe de bâtimens en ruine. Le cours de la rivière est arrêté, à cet endroit, par une vanne ; une vaste tannerie, qui a huit étages d'élévation et qui expose à l'air la puanteur des peaux qu'elle apprête, projette son ombre sur ce labyrinthe d'habitations délabrées ; on l'appelle Gibraltar. En suivant le cours de la rivière, au-delà du pont, on rencontre des tanneries, des fabriques de colle et des triperies ; le cimetière de la paroisse est situé d'un côté du torrent, et de l'autre une succession de cours aussi étranges d'aspect que malsaines. On n'y pénètre que par des passages étroits et couverts qui débouchent dans la rue Long-Millgate, d'où il faut descendre par des gradins de pierre jusqu'au bord de l'eau. Dans la dernière de ces cours (Allen's court), on se trouve entouré complètement d'un côté par le roc qui s'élève droit comme un mur, des deux autres par des maison à trois étages, du quatrième côté par l'escarpement le long duquel on est descendu, et dont le sommet est surchargé encore de murs ou de maisons. Ces maisons étaient récemment habitées par des tisserands, et chacune renfermait plusieurs familles. »

Huit ans plus tard, cet état de choses n'avait pas changé. M. Howard [28] le trouvait même plus triste ; en effet, dans l'espace ouvert qui forme le centre de la Petite-Irlande, les habitans avaient construit plusieurs étables à porcs, qui ajoutaient, s'il se peut, à l'insalubrité du lieu. Sans doute, l'on a fait d'assez grands efforts et d'assez grandes dépenses pour assainir la ville : bien des rues ont été pavées, bien des égouts construits, et le service de propreté est aujourd'hui plus régulier ; mais, en dépit de ces progrès partiels, le nombre des rues à paver de celles qui n'ont pas d'égouts et dans lesquelles le boueur n'entre jamais, est encore considérable. « A mesure que les quartiers du centre, dit encore M. Howard, ont été assainis, d'autres quartiers ont surgi dans les faubourgs, avec des rues non pavées et sans issue pour les eaux, au milieu desquelles on jette sans cérémonie les immondices pour y exhaler leurs putrides émanations, en sorte que ces rues rivaliseront bientôt avec les cloaques qui existaient tout récemment dans l'intérieur. » Le même praticien rappelle à ce propos la description que sir

Walter Scott a donnée du village de Tully-Veolan, balayé uniquement par les chiens et par les cochons, qui étaient utiles à leur manière, en dévorant les débris amassés pêle-mêle devant les portes des maisons.

Manchester n'est, en effet, selon l'expression d'un autre médecin, M. Roberton, qu'un village monstrueux, construit sans aucune espèce de plan. Chacun des huit cantons qui forment le bourg a sa loi de police particulière. A l'exception des quartiers du centre, sur lesquels la juridiction municipale, tout propriétaire peut bâtir comme il lui plaît et sans avoir aucun règlement à observer. On a beau adosser les masures aux masures, creuser dans les rues des mares infectes, et jeter sur la voie publique des chiens ou des chats morts, la police n'a rien à y voir.

Les autorités de Manchester consacrent annuellement 5,000 liv. st. au service de la voirie. Cette somme est insuffisante, et l'organisation essentiellement défectueuse. On nettoie les rues de première classe une fois par semaine, les rues de seconde classe une fois tous les quinze jours, et les rues de troisième classe une fois par mois. Quant aux cours intérieurs, aux allées, aux cloaques habités par les classes pauvres, aucune somme n'est affectée à leur entretien. L'administration municipale, on le voit, n'est guère moins aristocratique à Manchester qu'à Londres ni qu'à Liverpool. Là aussi, il y a deux villes dans une seule ; d'un coté, de l'air, de l'espace et des provisions de santé ; de l'autre, tout ce qui empoisonne et abrége l'existence, l'entassement des édifices et des familles, l'obscurité, l'humidité, l'infection.

Il faut donc peu s'étonner de ce que la mortalité frappe dans une proportion inégale les différentes classes d'habitans. A Manchester, les chances de la vie sont de 38 ans pour les classes supérieures (profesional persons and gentry), de 20 ans pour les boutiquiers, qui habitent plus à l'étroit et souvent dans les mauvais quartiers, de 17 ans pour les ouvriers des manufactures et pour les journaliers. Dans la paroisse de Broughton, dépendance rurale de Manchester qu'habitent principalement les manufacturiers de cette ville, il meurt un homme sur 44,44/100, et une femme sur 89,50/100 ; moyenne des deux sexes, 1 sur 63. Quel commentaire pourrait être plus éloquent que le simple rapprochement de ces chiffres ? et n'est-ce pas un état contre nature que celui dans lequel une classe d'hommes se réserve, pour ainsi dire, le monopole de l'existence, dans lequel un manufacturier vit quatre âges d'ouvrier, dans lequel la vie, pour le plus grand nombre, sans âge viril et sans vieillesse, s'étendant à peine jusqu'au seuil de la puberté, est perpétuée par des générations d'enfans ?

Communément, il meurt autant de personnes avant l'âge de 20 ans dans les districts manufacturiers de l'Angleterre, qu'il en meurt avant l'âge de 40 ans dans les autres districts, sans excepter Londres lui- même. Sur 1,000 enfans, qui naissent à Manchester, dans les rangs de la classe laborieuse, 570 sont emportés avant leur cinquième année. Pour ceux qui atteignent l'âge viril, la vieillesse arrive prématurément ; un fileur est hors de service à cinquante ans. Aucune ville ne renferme proportionnellement plus de veuves ni d'orphelins, et dans 435 cas sur 1,000, le père de famille meurt de consomption.

L'aspect général de la population ne dément pas ces lamentables données de la statistique locale. Les ouvriers de Manchester sont pâles et grêles ; leur physionomie n'a pas cette animation qui est le signe de la force et de la santé. La beauté des femmes disparaît, et la vigueur des hommes, qui décline, est remplacée par une énergie fébrile. Les régimens levés dans le Lancashire, de l'aveu des officiers de recrutement, ne résistent pas à la fatigue. Il est visible que la race s'abâtardit. Les ouvriers eux-mêmes ont le sentiment de cette dégradation de l'espèce ; on en trouvera le preuve dans la déposition faite en 1833 devant la commission des manufactures par un mécanicien âgé de cinquante-un ans, et né par conséquent dans le XVIIIe siècle, M. Titus Rowbotham :

« Lorsque j'arrivai à Manchester, en 1801, les ouvriers comme moi étaient mieux nourris, mieux vêtus, plus moraux et d'une plus vigoureuse constitution. Les enfans aujourd'hui sont une race plus faible que n'était celle de leurs parens. Ils ne sucent pas un lait aussi nourrissant ; leurs mères n'ont ni temps ni instruction à leur donner ; ils ont des penchans plus vicieux et sont plus démoralisés.

« Quand je commençai à travailler à la manufacture de coton, les ouvriers n'étaient pas régulièrement dressés à ce travail. On prenait des menuisiers, des charpentiers, et même des charbonniers, pour en faire des fileurs. Ils recevaient des salaires élevés, bien que ce fût les pires travailleurs que l'on enlevait aux autres métiers. Ces hommes, en passant dans l'industrie manufacturière, y amenaient des femmes qui avaient été habituées, comme eux, à travailler en plein air (out-door employment). Leurs enfans, élevés dans les manufactures, eurent une constitution plus faible, et les enfans de ces enfans sont encore plus faibles maintenant.

« Les impressions de ces premiers temps sont encore vivantes dans mon esprit. J'ai devant les yeux l'image de ceux qui ont vécu, comme s'ils n'étaient pas couchés dans leur cercueil. Les hommes que je vois aujourd'hui ne leur ressemblent pas. J'ai vu trois générations d'ouvriers. Je connais maintenant des hommes qui sont de mon âge, et même plus jeunes que moi, et qui ont passé leur vie à tourner la mule-jenny. Leur intelligence s'est affaiblie, et elle s'est desséchée comme un arbre. Ils sont devenus pareils à des enfans et ne sont plus tels que je les ai connus autrefois. Je sais plusieurs exemples d'ouvriers élevés à travailler dans les manufactures, que l'on réputait intelligens dans leur jeunesse, et dont l'intelligence est aujourd'hui éteinte ; pourtant ces hommes sont plus jeunes que moi. Les longues heures du travail, ainsi que la chaleur qui règne dans les filatures, produisent la lassitude et l'épuisement. Les ouvriers ne peuvent pas manger, et ils vont boire. Les uns, boivent de la bière, et les autres des liqueurs spiritueuses. Voilà le premier pas. Ils finissent par s'adonner à l'ivrognerie et au jeu ; leur santé se détruit, et leur intelligence s'affaiblit ; en outre, ce qu'ils dépensent de cette manière ne sert pas à nourrir ni à vêtir leurs enfans. »

Ce que l'ouvrier de Manchester dit ici des générations nées sous ses yeux peut s'appliquer, avec la même vérité, à presque tous les grands centres d'industrie. Les wynds de Glasgow sont peuplés des mêmes hordes sauvages qui habitent sur le Medlock le cloître de la Petite-Irlande, et celui de Gibraltar, au bord de l'Irk. La rue des Étaques à Lille, le quartier Martainville à Rouen, présentent, quoique sur une échelle moins étendue, des scènes semblables de misère et de prostitution. La race des manufactures dégénère sur le continent comme dans la Grande-Bretagne ; elle nous donne des citoyens rachitiques, impropres au métier des armes, qui agitent leur pays sans pouvoir le défendre ; c'est une serre chaude qui ne produit que des fruits avortés.

Il y a dans les agglomérations industrielles un caractère qui leur est propre ; je veux parler de cette alliance en quelque sorte contre nature entre la misère et le travail, entre les excès du vice et ceux de l'activité. En général les populations ne sont pauvres que lorsqu'elles manquent d'industrie, et la moralité des races est en raison de leur application. Les livres de morale sont pleins d'axiomes destinés à mettre cette vérité en lumière ; nos lois proscrivent l'oisiveté ; dans les sociétés modernes, il semble que le travail ait des autels. Je ne viens pas m'inscrire en faux contre cette doctrine. Je sais que le travail manuel n'a pas seulement le mérite de fermer la porte au mal, et qu'il fortifie les membres, qu'il trempe la volonté en mettant l'homme aux prises avec les élémens. Je sais que le travail est la loi même de l'existence ; mais il ne faut pas plus abuser du travail que du loisir. L'abus du travail chez les peuples du Nord mène droit à la dégradation de l'ame et du corps, tout aussi sûrement que le farniente chez les peuples du Midi. Je pourrais puiser à pleines mains dans les enquêtes parlementaires, administratif ou locales publiées en Angleterre depuis quinze ans pour démontrer ces affligeans résultats.

Dans l'enquête relative à l'ivrognerie, plusieurs médecins ont déclaré que l'excès de la fatigue devait nécessairement porter les ouvriers à recourir au stimulant des liqueurs fortes. D'autres affirment que cette lassitude dispose à rechercher les plaisirs des sens. Les femmes, partageant le travail des hommes, ne tardent pas à se jeter dans les mêmes écarts. Il y a des filatures à Manchester qui les occupent dix-sept heures par jour, sur lesquelles on compte quinze heures et demie de travail effectif. Quant aux enfans, on les voit, en Écosse principalement, après une semaine laborieuse, passer la journée du dimanche au lit. Il n'y a plus de devoirs ni d'éducation dans les familles. Les mères, pour n'avoir pas à s'occuper de leurs enfans pendant les

LÉON FAUCHER

heures où la mule-jenny les réclame, leur donnent, au lieu de lait, une préparation d'opium ; d'autres laissent leurs nourrissons sous la garde de leurs jeunes frères ou sœurs, et c'est ainsi que sur 407 morts violentes, on a compté à Manchester 110 enfans brûlés par l'eau chaude ou par le feu. (Deux qui échappent aux accidens ne reçoivent ni principes ni culture. On voit dans les wynds de Glasgow, et il doit s'en trouver aussi à Manchester, des enfans qui, réduits à une condition purement animale, n'ont pas même de nom.

Certes, s'il existe une race au monde taillée pour le travail, c'est celle qui peuple l'Angleterre, et en particulier le comté de Lancastre. La nature lui avait prodigué dans ce but une volonté indomptable et des nerfs d'acier. Le Lancastrien est à coup sûr le meilleur ouvrier de la terre, le meilleur fileur, le meilleur mécanicien et le meilleur terrassier. C'est lui qui apporte dans l'industrie les méthodes les plus expéditives et la plus active énergie ; mais aussi plus il travaille avec vigueur, et plus cette fièvre de l'action, en se prolongeant au-delà des bornes, doit l'énerver. Le travail excessif, l'over-working, est une maladie que le comté de Lancastre a inoculée à l'Angleterre, et l'Angleterre à l'Europe. Manchester en est le symbole ; malheureusement ce funeste système s'étend au pays tout entier et fait partie de sa constitution. La politique, sur ce point, va de pair avec l'industrie. Les membres des communes donnent le jour à leurs affaires privées, afin de consacrer la nuit à la discussion des affaires publiques. Ajoutez à cela l'étude, la correspondance, les réunions dans les clubs, et la nécessité de paraître à propos de toutes choses sur les hustings, et vous verrez quel gaspillage incessant un homme politique fait de la vie.

Un chef de parti est constamment sur la brèche, prodiguant ses forces tant qu'elles durent et à tout instant. De là peut-être ce besoin de stimulans que Pitt, Fox, Sheridan et Byron ont éprouvé, bien avant les ouvriers de Manchester. « L'extrême excitation, dit M. Farr [29], qui aboutit fréquemment à l'ivrognerie en Angleterre, dans toutes les classes de la société, n'est que le résultat du système anglais, qui porte tout à l'excès (british forcing system). Ce système est lui-même la conséquence de la liberté politique qui excite les hommes à déployer les plus grands efforts physiques et la plus grande énergie d'esprit, sans observer ce repos quotidien ni ce repos hebdomadaire que Dieu lui-même a prescrit pour rétablir l'équilibre dans la circulation. Puis, lorsque la circulation a été habituellement accélérée par une contention immodérée de corps et d'esprit, il devient nécessaire d'appeler à son aide les stimulans pour ranimer les forces qui s'épuisent. Voilà ce qui a tué le Démosthènes anglais, et le sénateur qui l'avait salué de ce titre le premier. »

C'est là une observation profonde ; mais pour être complètement vrai, il faut aller par-delà la constitution britannique ; et il ne faut pas rendre la liberté, responsable des excès qui tiennent surtout au caractère anglais.

L'Anglais n'est pas naturellement sobre, il ne l'est ni dans ses jugemens, ni dans ses appétits, ni dans sa conduite. Arrachez-le à un excès, il se jettera dans un autre ; ses prédicateurs, qui le connaissent, pour le guérir de l'intempérance, lui proposent une abstinence absolue. Il a besoin d'aller en toutes choses jusqu'à la satiété. Sa langue politique est, comme la boisson du peuple, brûlante et grossière, son ambition sans bornes, et son action sans repos. En Angleterre, l'arc est perpétuellement tendu, et de là le seul danger sérieux qui puisse menacer une telle nation.

NOTA. — Quelques fautes se sont glissées dans les articles sur Liverpool, n° du 1er et du 15 décembre de la Revue. On a substitué, page 804, des livres sterling aux livres pesant qui indiquaient les quantités de coton importées. Page 1008, on a imprimé un million de gardes nationaux pour un millier. Enfin, page 1018, le nombre des décès provenant des maladies de consomption se rapporte, non pas à un an, mais à une période de trois années.

NOTES

[1]Histoire de la Conquête de l'Angleterre par les Normands, liv. IV.

[2]Past and present State 0f Lancashire, by H. Ashworth.

[3]« Le district où ces avantages se trouvent combinés de la manière la plus favorable est la partie méridionale du Lancashire, ainsi que le sud-ouest du Yorkshire. Dans les comtés de Chester, de Derby et de Nottingham, ainsi que dans celui de Renfrew et de Lanark en Écosse, districts qui sont aussi le siége de la manufacture de coton, des avantages semblables se rencontrent, quoique dans une moindre proportion. » (Histoire de la Manufacture de Coton, par M. Baines.)

[4]Fuller's church History.

[5]Baine's History of Cotton manufacture.

[6]Voir le journal Leed's Mercury.

[7]Notes of a tour in the manufacturing districts of Lancashire.

[8]Moral and physical condition of tke working classes.

[9]Selon un recensement fait en 1836, les ouvriers représentaient à Manchester 64 pour 100 de la population totale à Salford, 74 ; à Bury, 71 ; à Ashton, 81 ; à Stalybridge, 90 ; à Dukingfield, près de 95. Le chiffre fixé pour Manchester paraît être au-dessous de la vérité ; la population ouvrière doit y représenter 70 ou 75 pour 100 du nombre des habitans.

[10]Sur une population de 1,667,000 hahitans le comté de Lancastre compte 21,000 Écossais et plus de 105 mille Irlandais.

[11]Committee on Factorie's regulation bill, p. 327.

[12]« Nous pouvons affirmer hardiment que les listes officielles n'enregistrent pas la moitie des délits de cette nature qui sont commis aujourd'hui. » (Inquiry into the state of manufacturing population.)

[13]Juvenile delinquency.

[14]An Exposure of female prostitution.

[15]D'après les documens officiels, on compte à Manchester 154,336 femmes contre 141,857 hommes ; excédant 12,479, ou près de 3 pour 100.

[16]Report from the committes on factorie's labour regulation bill.

[17]Report from the parliamentary committyee on drunkenness.

[18]Report en drunkenness, passim.

[19]Déposition de M. Finch, Report on drunkenness.

[20]A Plea for national holidays.

[21]Moral and physical Condition of working classes, by Dr Kay.

[22]Remarks on the health of english man facturers, by J. Roberton.

[23]La moyenne des naissances dans les hospices de maternité à Manchester était de 4,300 pour chacune des quatre années 1828, 1829 1830, 1831.

[24]Moral and physical Condtion of working classes.

[25]Report on the condition of working classes.

[26]Report on sanitary condition.

[27]M. Duncan, qui évalue le nombre des habitans par mille carré, porte la densité de Manchester à 100,000 habitans par mille carré.

[28]Report on sanitary condition.

[29]Inquiry into drunkenness.

BIRMINGHAM

Nous approchons du seul district où l'industrie en Angleterre puisse prétendre à un certain caractère d'universalité. Dans les autres cités manufacturières, il y a toujours une branche du travail qui domine, qui attire à elle les capitaux et les ouvriers. Chaque ville de fabrique est en quelque sorte une spécialité : Manchester file, tisse et imprime le coton ; Leeds file le lin et tisse le drap ; Nottingham excelle dans la bonneterie, et Coventry dans les rubans ; Sheffield travaille l'acier, Wolverhampton le fer Burslem l'argile ; Newcastle extrait et expédie le charbon. Au sein de ces occupations qui varient peu, les artisans contractent, par la répétition des mêmes actes, des habitudes qui se gravent en caractères ineffaçables dans leur constitution physique et dans leurs mœurs. Chaque manufacture engendre pour ainsi dire une race d'hommes différens : on reconnaîtrait entre mille un serrurier de Wolverhampton, un mineur de Newcastle, ou un tisserand de Nottingham.

Birmingham n'a pas cette puissante, mais dangereuse unité ; les applications de l'industrie y sont innombrables. A l'exemple de Paris, cette ville fait un peu de tout, le fait bien, et au plus bas prix. Seulement Paris recherche davantage le beau, et Birmingham, l'utile ; le génie mécanique opère ici les mêmes prodiges qu'enfante là le sentiment de l'art. A quelques égards, Birmingham est comme une succursale de Paris ; nous fournissons les modèles que copient les ouvriers du comté de Warwick. Le principal fabricant de boutons ; à Birmingham, M. Turner, déclare qu'il est obligé d'avoir un établissement à Paris pour en tirer les dessins et les ornemens que les ateliers nationaux ne sauraient fournir [1].

Un autre côté par lequel Birmingham se distingue des grands centres manufacturiers, c'est l'ancienneté de ses industries. Il n'y a rien là qui ressemble à ces gigantesques cités improvisées en moins d'un demi-siècle par la jenny et par la machine à vapeur ; Birmingham est véritablement l'œuvre du temps. Les fabriques diverses que cette ville renferme ont chacune leur date et se sont établies à leur heure, le sol industriel se formant peu à peu de ces couches superposées. Avant la révolution de 1688, Birmingham devait à sa proximité des mines de fer et de houille l'activité qu'y avait déjà prise le travail des métaux. Ce travail fut borné d'abord à la quincaillerie grossière : la fabrication des clous, qui s'opère aujourd'hui par des moyens mécaniques, occupait alors une multitude d'ouvriers ; les femmes à demi vêtues maniaient le marteau comme les hommes ; les échoppes des cloutiers bordaient les avenues de la ville, et la population de Birmingharn, telle que la décrit Hutton en 1741, n'était qu'une tribu de forgerons.

Après la révolution de 1688, une commande du gouvernement, obtenue à propos, y naturalisa la manufacture des armes à feu, manufacture aujourd'hui si considérable, que, de 1804 à 1818 seulement, les ateliers de Birmingham ont pu livrer, soit à l'état, soit au commerce, cinq millions de fusils, de pistolets ou de mousquetons. En ce moment, ils fabriquent dix à douze mille canons de fusil par mois ; la guerre survenant, cette fabrication serait aisément doublée. Le gouvernement, secondant l'essor d'une industrie aussi profitable à sa politique, a établi à Birmingham un tir d'épreuve où l'on essaie les canons de fusil avant de les monter. Bientôt la manufacture des armes blanches est venue se placer, comme un complément naturel, à côté de la manufacture des armes à feu : en sorte que cette ville alimente encore les arsenaux de l'Angleterre, après avoir long-temps approvisionné ceux de la coalition. .

Un peu plus tard la mode fit surgir à Birmingham l fabrication des boutons et des boucles, dont l'une a passé avec la mode, dont l'autre inonde encore de ses produits l'Angleterre, les États-Unis et l'Amérique du Sud. Vers la fin du XVIIIe siècle, l'industrie de cette ville embrassait déjà la quincaillerie fine, la sellerie, la tabletterie, la bimbeloterie ; et Burke avait pu dire, avec une sorte d'orgueil, qu'elle était « .la boutique de joujoux. (toy-shop) de l'Europe. » Depuis, l'Allemagne et la France ont fait à la bimbeloterie anglaise une concurrence qui a beaucoup réduit les dimensions de cette industrie ; mais, en revanche, Birmingham s'est enrichi de plusieurs produits nouveaux. La fabrication des épingles y a pris une importance telle qu'il en sort 2 à 3 milliards d'épingles par semaine. Depuis que l'usage des plumes d'acier s'est répandu en Angleterre, Birmingham en livre au commerce quatre vingt à cent mille grosses par an ; un seul fabricant emploie 250 ouvriers, et débite quarante tonnes d'acier. L'application du vernis laque au carton-pâte, ingénieuse création de Bakerville, a donné naissance à une industrie que Birmingham exploite avec un grand succès, et que Paris est parvenu à s'approprier. La verrerie, les cristaux, les bronzes, les tôles, les plaqués et la bijouterie commune complètent, la nomenclature des fabriques qui composent cet ensemble manufacturier, pareil à une pièce de marqueterie.

Birmingham peut revendiquer sa part et une part prépondérante, dans la révolution industrielle qui a couronné les progrès du dernier siècle. Ce fut là que commencèrent, dès 1738, et sous les auspices de John Wyatt, ces essais encore informes de filature que le génie d'Arkwright devait amener trente ans plus tard à leur maturité, l'établissement de Northampton, le second fondé par Wyatt, ne renfermait que 250 broches qui exigeaient l'emploi de 50 ouvriers, un ouvrier pour cinq broches : voilà quelle fut l'apogée de cette invention à son début ! Aujourd'hui, au moyen des métiers à moteur continu (self-acting) deux mille broches sont souvent placées sous la surveillance d'un ouvrier, aidé de son rattacheur

Mais si la filature, après ces humbles et malheureux essais, dut se greffer, pour devenir féconde, sur l'industrie du Lancastre et comtés de Nottingham et de Derby, l'invention de la machine à vapeur, originaire de Glasgow, ne trouva qu'à Birmingham les moyens de se développer Ce fut un manufacturier de cette ville, M. Boulton, qui, mettant ses capitaux et son intelligence commerciale au service de Watt, établit, de concert avec lui, dans ses ateliers de Soho, la première fabrique de machines à vapeur. Cet établissement, fondé en 1773, eut pendant long-temps le privilège exclusif de fournir le nouveau moteur à l'industrie de l'Angleterre, et devint la source d'une fortune colossale pour ceux qui l'avaient créé. Aujourd'hui que chaque ville manufacturière compte plusieurs ateliers de construction, ceux de Soho conservent leur vieille réputation, et le fils de Watt s'honore de les diriger. Au reste, les propriétaires ne se bornent pas à construire les machines, ils les emploient. C'est dans l'établissement de Soho que se frappe, depuis l'année 1783, la monnaie de cuivre qui circule dans le royaume ; l'on y fabrique aussi des bronzes, du plaqué et de la vaisselle d'argent.

La situation de Birmingham commande cette variété dans ses industries. Tous les autres centres manufacturiers ont une destinée en quelque sorte maritime. Les fabriques de Manchester, de Leeds et de Glasgow, les forges de l'Écosse et du pays de Galles, les mines du Cornouailles et du comté de Durham touchent à la mer, et invitent par conséquent à l'exportation. Birmingham, placé au cœur de l'Angleterre, à une égale distance de la mer du Nord et de la mer d'Irlande, de la Tamise et de la Mersey, sur la limite qui sépare les comtés agricoles du sud et de l'est des comtés industriels du nord et de l'ouest, devait être un lieu d'échange, un entrepôt, un port intérieur. De là, l'infinie diversité de ses produits. Une industrie qui exporte peut se confiner deux ou trois genres, car la spécialité, dans le commerce extérieur, est la condition du succès. Dans le commerce intérieur, au contraire, comme il faut pourvoir aux mille besoins de la société, un article en entraîne un autre, et toute manufacture procède par voie d'assortiment.

Les avantages naturels de cette position se trouvent complétés depuis que, par l'établissement des chemins de fer, Birmingham marque le point d'intersection des deux grandes lignes qui vont de Liverpool ainsi que de Manchester à Londres, de Newcastle et de Hull à Bristol. Du centre où viennent aboutir ces rayons, il n'y a pas de points extrêmes que l'on ne puisse atteindre en trois, quatre, cinq ou six heures. Des canaux presque parallèles transportent les produits encombrans. Pourtant ce qui fait la principale richesse de Birmingham, ce sont les districts manufacturiers qui relèvent de cette grande cité : dans un rayon de trente lieues en allant vers le nord, se trouvent échelonnées les forges du Staffordshire, parmi lesquelles les seules usines de Bilston fournissent autant de fer que la Suède tout entière, et celles de Stourbridge, qui occupent cinq mille ouvriers ; les poteries de Burslem et des environs ; les quincailleries de Wolverhampton, de Willenhall, Walsall et Sedgeley ; la coutellerie et les plaqués de Sheffield ; le tout établi sur un banc de houille continu qui appelle un nombre prodigieux de mineurs, et qui fait circuler chaque année sur les canaux quatre à cinq millions de tonneaux. L'influence de ces industries auxiliaires sur la prospérité de Birmingham a été rendue évidente par le recensement de 1841, qui constate que 54,000 personnes, ou environ 30 pour 100 du nombre des habitans, étaient étrangers au comté de Warwick. Au reste, l'accroissement de la population n'a pas été moins extraordinaire ni moins rapide que dans les métropoles de la laine et du coton : Birmingham renfermait, en 1781, 50,000 habitans ; en 1801, 73,670 ; en 1811, 85,755 ; en 1821, 106,722 ; en 1831, 146,986, et 182,922 en 1841. Cette augmentation représente près de 38 pour 100 dans la période décennale de 1821 à 1831, époque où Birmingham et Sheffield nouèrent avec les États-Unis des relations plus étendues, et où commence l'ère des chemins de fer ; elle s'était élevée à 47 pour 100, dans la période vicennale de 1781 à 1801, marquée par l'introduction de la machine à vapeur.

L'aspect de la ville répond à ces données de son état industriel.Elle figure un carrefour de larges rues, une espèce de forum que les multitudes environnantes envahissent à un jour donné, tantôt dans un but politique, et tantôt dans un intérêt commercial. On voit bien vite que la bourgeoisie, qui fait partout la base des populations urbaines, ne s'élève guère à Birmingham au-dessus des régions inférieures de la société. Rien n'y affecte de vastes proportions, pas même le travail, qui paraît si grandiose dans les comtés du nord. Le seul édifice un peu remarquable est la salle de l'hôtel-de-villeé (town-hall), où se tiennent les réunions publiques, et qui est la tribune aux harangues de cette communauté d'ouvriers. Les principales rues sont occupées par des revendeurs ou détaillans, car aucune ville d'Angleterre, après Londres, ne renferme plus de boutiques. Les ouvriers habitent des cours fermées, une maison pour chaque famille, et chaque cour réunissant de quatre à vingt maisons. On comptait à Birmingham, il y a quelques années, 2010 cours, renfermant 12,254 maisons et 48,916 personnes, ou quatre personnes par habitation [2]. Le loyer d'une maison est en moyenne de 3 shillings 1/2 par semaine, le prix d'une chambre à White-Chapel ou à Spitalfields.

Ces petits cloîtres industriels ne sont rien moins que des modèles de propreté. Comme il n'y a qu'une pompe par cour ; un seul trou aux cendres pour recevoir les résidus, et un seul lavoir, chaque ménagère ne manque pas de prétextes pour se relâcher de la rigueur de ses fonctions. L'usage d'engraisser des porcs contribue encore à augmenter les dépôts et les émanations qui vicient l'atmosphère [3] ; mais comme, après tout, les familles ont de l'air et de l'espace, comme les caves ne sont pas habitées ainsi qu'à Liverpool et à Manchester, les maladies font moins de ravages, et Birmingham jouit comparativement d'une sorte de salubrité [4]. Le docteur Duncan évalue la mortalité de cette ville à un décès par an sur 36 79/100 personnes ; il est vrai que l'on n'y compte que 40 habitans par mille carré de surface bâtie, c'est-à-dire un peu moins qu'à Londres, et beaucoup moins qu'à Leeds, qu'à Manchester, qu'à Liverpool.

V Pendant la dernière moitié du XVIIIe siècle, le sol aux abords de la ville était divisé en petits jardins, que les ouvriers louaient à raison d'une guinée, et demie par an. Là, dans la belle saison, après leur travail, ils passaient la soirée à cultiver des légumes et des fleurs, simple et salutaire occupation qui était pour eux une source de plaisirs. Depuis cette époque, les jardins ont graduellement disparu pour faire place aux maisons ; et comme Birmingham, de même que Manchester et Liverpool, n'a pas de promenades publiques, les ouvriers manquent d'un lieu de récréation où ils puissent, une ou deux fois par semaine, respirer un air plus salubre et plus pur que celui des rues ou des ateliers. Telle est cependant l'excellence d'un site élevé de cinq cents pieds au-dessus du niveau de la mer, formé de plusieurs collines et baigné par plusieurs ruisseaux, que la vie moyenne à Birmingham, par une exception très remarquable, a presque la même durée que dans les districts ruraux.

La mortalité dans l'âge le plus tendre est presque aussi considérable qu'à Manchester, et elle, tient aux mêmes causes. La moitié des enfans qui naissent succombent avant la sixième année. Dans les autres districts du comté, la proportion des décès au-dessous de cinq ans n'est que de 35 pour 100. Or, quand on songe que la vie moyenne dure tout aussi long-temps à Birmingham que dans les campagnes, il faut bien reconnaître que les circonstances atmosphériques n'ont aucune part à l'espèce d'épidémie qui moissonne tant d'enfans au berceau. Cette épidémie est principalement de l'ordre moral ; on en trouve la cause dans l'absence de ces soins maternels que la nature, pour le distinguer des animaux, a rendus plus nécessaires à l'homme que l'air et que le lait. A Birmingham comme à Manchester, le travail dissout la famille. Les femmes, employées dans les ateliers, négligent leurs devoirs domestiques, et cette négligence résulte de l'habitude encore plus que de la nécessité. La jeune fille, accoutumée dès l'enfance à l'existence tout extérieure des populations industrielles, ne sait pas ou ne veut pas, en se mariant, former autour d'elle un intérieur, un foyer ; elle continue à fréquenter les ateliers, travaille pendant sa grossesse jusqu'au dernier jour, reprend l'ouvrage trois semaines après, et confie alors ses petits enfans aux soins de quelque vieille femme ou de quelque autre enfant à peine plus âgé que les siens ; cette surveillance lui coûte à peu près autant que son travail peut lui rapporter [5]. Toutefois, l'insouciance des mères ne va pas jusqu'à l'expédient barbare de ces potions opiacées qui n'endorment la faim ou les cris qu'en altérant le principe même de la vie.

Si les ouvriers vivent plus long-temps à Birmingham qu'ailleurs, cela ne veut pas dire qu'ils soient beaucoup plus robustes. Dans l'échelle sanitaire du royaume, la population de la ville occupe ce degré intermédiaire qui n'est ni la rachitisme, ni la vigueur, se maintenant presque à une égale distance de la maladie et de la santé. En entrant à Birmingham, on n'est pas frappé du spectacle de cette dégradation physique qui signale, dans quelques districts, les familles des tisserands et celles des fileurs ; mais on y aperçoit pas non plus la race herculéenne que l'on rencontre parmi les ouvriers des mines et des forges, ces athlètes du travail qui, selon l'expression des commissaires du gouvernement [6], traversent la vie comme des coqs de combat. Ainsi, plus de la moitié des volontaires qui se présentent pour entrer dans les rangs de l'armée sont rejetés comme impropres au service militaire [7], et, ce qui indique plus que tout autre symptôme l'affaiblissement des constitutions, les maladies de poitrine comptent pour un tiers environ dans les décès.

J'ai comparé l'industrie de Birmingham à celle de Paris ; les mêmes analogies se font remarquer entre les populations des deux cités. Sans doute on chercherait vainement à les ramener à un type commun ; mais les habitans de Birmingham sont, par rapport à ceux de Manchester et de Glasgow, ce que sont les habitans de Paris par rapport à ceux de Lille et de Rouen. C'est la même supériorité dans les deux cas. Cependant l'ouvrier de Birmingham n'a pas, comme celui de Paris, ce goût inné et cette élégance personnelle que communique un commerce journalier avec les travaux de luxe, de mode et d'art. Il a l'air gauche et lourd sous sa longue blouse blanche qui traîne jusqu'aux talons. Pour compléter cet accoutrement d'un autre siècle, il porte volontiers des culottes courtes et des bas bleus. N'allez pas croire qu'il soit indifférent à une certaine prétention de toilette. Les femmes pâles et osseuses se drapent dans un schall fané ; les hommes, par une exception assez rare dans les villes de fabriques, ont souvent deux habillemens complets ; les marchands d'habits sont aussi nombreux dans la ville que les débitans de boissons. Même recherche dans le choix des alimens. Les ouvriers de Birmingham ne vivraient pas, comme ceux de Boston ou de Stockport, de pain, de lard et de pommes de terre ; il leur faut les meilleures viandes et les morceaux les plus délicats. Dans la semaine, ils se nourrissent de côtelettes et de beafsteaks ; le dimanche, ils se font servir les rôtis les plus succulens (best joints). Souvent le chef de la famille dîne à la taverne, pendant que sa femme et ses enfans, réunis autour d'un ragoût de pommes de terre, pâtissent de cet égoïsme sensuel. L'ouvrier, à Birmingham, ne s'enivre pas de quelque liqueur brutale telle que le genièvre ou le whiskey, il boit habituellement de la bière, et souvent des vins étrangers. Par exemple, et ceci achève de caractériser la race, son appétit n'est pas au niveau de sa sensualité : il faudrait, selon un témoignage officiel [8], deux repas comme le sien pour apaiser la faim d'un laboureur.

Ce goût du luxe et de la bonne chère, qui se manifeste à Birmingham, montre, que le travail y est plus productif que régulier, et que les hommes y jouissent habituellement d'une sorte de loisir. Dans la fabrique parisienne, les ouvriers, qui gagnent de 5 à 10 francs par jour, ne travaillent qu'un certain nombre de jours par semaine et qu'un certain nombre d'heures par jour. Dans les ateliers de Birmingham, la journée effective se prolonge rarement au-delà de dix heures ; beaucoup d'artisans se reposent en outre le dimanche, le lundi et le mardi. Or, il est dans la nature de l'homme, dès qu'il obtient du loisir, de le consacrer aux plaisirs des sens, avant de songer aux plaisirs de l'esprit, et il se passera du temps, avant que la réduction ou l'intermittence du travail tourne au profit de l'intelligence des travailleurs.

Pénétrons plus intimement dans l'organisation de cette industrie. On sait que la puissance manufacturière, de l'autre côté du détroit, a suivi l'exemple de la propriété foncière, et qu'elle s'est constituée à l'état féodal. Une filature, une mine, un haut-fourneau est une véritable baronnie dont le propriétaire, commandité par les banques et gouvernant à l'aide des machines le feu et l'eau, a une autorité moins arbitraire, mais plus absolue, sur ses ouvriers que les seigneurs du moyen-âge sur leurs vassaux. Les ouvriers sont enrégimentés, et rien ne ressemble plus à une colonie militaire que ces colonies industrielles dont la manufacture est comme la citadelle, la cheminée de la machine le drapeau, et où le manufacturier, en admettant ou en excluant une famille, exerce indirectement, sur les membres qui la composent, le droit de vie et de mort. Là, les ouvriers, ne pouvant pas traiter avec les maîtres de puissance à puissance, ont recours au procédé universel des faibles et des opprimés : ils conspirent. L'aristocratie manufacturière est ainsi une espèce de despotisme tempéré quelquefois par des révoltes et tous les jours par des coalitions.

Les petits fabricans de drap qui habitent les campagnes voisines de Leeds et les districts septentrionaux du pays de Galles font déjà exception à cet état de choses, qui semble être en Angleterre la loi du travail, et qui se développe avec les progrès de l'industrie. A côté d'une démocratie rurale ainsi limitée et réduite à un tel isolement, on peut placer la démocratie urbaine de Birmingham et des environs, qui se recommande par des nombres plus imposans, et dont la constitution présente un sujet d'études plein d'intérêt. Pendant que les capitaux tendent à se concentrer dans la Grande-Bretagne, ils se divisent de plus en plus à Birmingham. L'industrie de cette ville, de même qu'en France la culture du sol, est descendue à l'état parcellaire. On y rencontre peu de grandes fortunes et à peine quelques grands établissemens. Certains manufacturiers opèrent avec un fonds de 10 à 20,000 francs ; la plupart n'ont pas plus de cinq à ouvriers, le maximum est généralement de cinquante par fabrique. En 1843, à une époque où les produits annuels de Birmingham atteignaient une valeur de 80 à 90 millions de francs, on supposait que cette production se partageait entre quatre mille fabricans, ce qui représente une moyenne de 20,000 francs pour chacun. En 1841, la commission sanitaire, ayant à déterminer l'influence qu'exerce chaque genre d'occupation sur la santé des ouvriers, déclarait qu'elle avait dû renoncer à remplir sa tache [9], attendu la difficulté d'interroger cette multitude de fabricans qui, seulement pour les quatre-vingt-dix-sept industries propres à Birmingham, étaient au nombre de deux mille.

Cette organisation industrielle tient à la nature même des travaux. Dans les manufactures où la puissance mécanique domine, les rouages multipliés qui concourent à la production exigeant une mise de fond considérable, et l'intérêt de ce capital ne pouvant être couvert que par de vastes opérations, il faut nécessairement que la direction se concentre dans un petit nombre de mains. Alors, la machine est tout, et l'homme n'est rien. Le talent et quelquefois le génie se montrent dans le mécanisme de la fabrique ; mais l'œuvre marche ensuite d'elle-même, et l'ouvrier, réduit à un rôle auxiliaire, n'a plus besoin que d'un peu d'attention pour suivre la besogne qui lui est tracée. Aussi ne doit-on pas s'étonner si la femme remplace bientôt l'homme, et si plus tard l'enfant vient la supplanter. Quelque jour, une machine sera substituée à l'enfant lui-même ; les ateliers achèveront de se dépeupler, et l'on verra tous ces métiers se mouvoir mystérieusement dans la solitude, avec une émulation infatigable, au simple commandement d'un chauffeur.

A Birmingham, au contraire, le travail est purement manuel. On emploie les machines comme un accessoire de la fabrication ; mais tout dépend de l'adresse et de l'intelligence de l'ouvrier. Le capital, en pareil cas, c'est l'habileté acquise. Avec un peu d'argent, et des outils, un ouvrier peut travailler pour son propre compta ; il n'en faut pas davantage pour prendre rang, par exemple, parmi les fabricans de quincaillerie, de bronzes, de boutons et de plaqués.

Cela se fait de diverses manières. Tantôt l'ouvrier travaille chez lui, avec deux ou trois apprentis, achetant la matière première, qu'il revend ensuite ouvrée aux marchands. Comme l'atelier est ordinairement dans les combles de la maison, on désigne ces hommes par le sobriquet de fabricans en galetas (garret men) ; ce sont, bien qu'à un degré inférieur, les fabricans en chambre de Paris. Ces petits manufacturiers ne se forment une clientèle qu'en cédant leurs produits au-dessous du cours ; aussi leurs profits, qui sont considérables dans les momens où le commerce prospère, tombent bien bas dans les époques de stagnation. Tantôt des facteurs ou courtiers (middlemen) s'entremettent entre l emarchand et l'ouvrier. Le marchand leur livre la matière première, qu'ils se chargent de lui rendre ouvrée à un prix convenu. Ils sous-traitent ensuite avec l'ouvrier de l'exécution des commandes qu'ils ont obtenues. C'est le mode de fabrication, sans contredit, le plus vicieux, car il laisse généralement la plus grande part de bénéfice à la classe d'homme qui a la moindre part au travail. Les intermédiaires ne sont vraiment utiles dans l'industrie que lorsqu'ils servent de lien entre l'entrepreneur et les agens de la production. Or, l'emploi des facteurs à Birmingham et dans les environs a précisément l'inconvénient d'empêcher toute relation entre les marchands qui font les commandes et les ouviers-fabricans qui doivent les exécuter. Le courtier, étant maître du marché, peut, avec la même facilité, exagérer pour le marchand le prix des façons, et le réduire pour l'ouvrier au plus bas. Il tient dans ses mains les clés de la production, et, comme il n'envisage que son intérêt personnel, il ne s'en sert ni au profit de l'art ni dans des vues d'humanité. Ce despotisme aurait les plus fâcheuses conséquences sans la ressource, toujours offerte aux ouvriers, de passer d'une occupation à une autre, au milieu de cette infinie variété d'articles qui constituent l'industrie de Birmingham. A Wolverhampton, à Willenhall et dans les villes qui ont une spécialité de travail, le système que je signale a fait descendre les populations au dernier degré d'abaissement.

Ce qui caractérise plus particulièrement la constitution industrielle de Birmingham, c'est le procédé au moyen duquel les petits fabricans se procurent le moteur mécanique qui semblait appartenir par privilège aux grands établissemens de production. A Manchester, on peut prendre à loyer des filatures, des teintureries ou seulement des machines à vapeur ; en traversant le quartier des manufactures, vous lisez souvent sur la porte d'une usine ces mots, qui frappent aussi les regards à Paris le long du canai Saint-Martin : « Force à louer [10]. » Dans les campagnes du Yorkshire, les fabricans de drap établissent par voie d'association des usines dont la puissance est au service de tous et de chacun. Ce que l'association a fait pour les petits drapiers de Leeds a été à Birmingham l'œuvre de la spéculation. Voici, en quelques mots, la description de ce procédé, qui montre à quel point l'on pousse en Angleterre la division du travail.

On établit une machine à vapeur dans un bâtiment qui contient une multitude de chambres d'inégale grandeur. La machine fait mouvoir des arbres qui transmettent le mouvement à des volans placés dans chaque appartement. Chacun de ces petits ateliers a pour mobilier un tour des bancs, et les outils appropriés aux divers genres de travaux. Un ouvrier, ayant reçu des commandes qui peuvent l'occuper une semaine, un mois ou une saison, prend à loyer un ou plusieurs ateliers, selon ses convenances, et stipule qu'une certaine somme de force lui sera fournie. Il réalise ainsi, en disposant d'un faible capital et en produisant sur une petite échelle, tous les avantages que donne ailleurs aux grands capitalistes l'emploi de la vapeur ; et comme les établissemens qui distribuent la force en détail sont nombreux dans la ville, la concurrence que se font les propriétaires en réduit le loyer à un taux qui rend le système accessible et l'usage universel. Des ateliers, avec leur mobilier et leur moteur, se louent aussi couramment que les appartemens d'un hôtel garni.

On comprend que ces facilités offertes au travail aient eu pour effet de multiplier la classe des ouvriers fabricans, de stimuler la concurrence et d'amener une diminution extraordinaire dans le prix des objets fabriqués. Lorsque l'industrie, à Birmingham, relevait de quelques manufacturiers qui étaient assez riches pour payer le travail comptant et pour livrer néanmoins leurs produits à crédit, le producteur faisait la loi au consommateur et fixait lui-même le bénéfice auquel il pensait avoir droit. Aujourd'hui que la classe des grands manufacturiers a disparu, que la fabrique attend les commandes, et que le fabricant dépend, comme l'ouvrier autrefois, du salaire de la journée ou de la semaine, le consommateur est le maître ; il ne lui reste plus qu'à faire justice des intermédiaires, marchands ou courtiers, qui se placent entre le producteur et lui pour les tromper tous les deux.

Depuis 1815, le prix des articles de Birmingham a baissé de 50 à 60 pour 100. Cette diminution a été principalement sensible dans la quincaillerie, où elle atteste bien moins le progrès de l'industrie que la détresse des travailleurs. En consultant la cote nominale des articles, on croirait que le prix est aujourd'hui ce qu'il était il y a cinquante ans. La valeur apparente n'a pas changé, en effet ; c'est l'escompte alloué aux marchands qui varie seul et qui donne le cours de la marchandise. A Birmingham, l'escompte représente 60 à 70 pour 100 de la valeur ; à Wolverhampton, 70 à 80 pour 100 ; à Willenhall, 80 et même 90 pour 100. Souvent même, quand le commerce ne va pas, le fer ouvré se vend au poids et pour le prix du fer brut.

De pareils faits surprendraient moins en France. Nos commerçans ont des habitudes mesquines ; opérant sur de faibles quantités, ils se livrent trop souvent à des calculs étroits ; on les accuse d'avoir plusieurs prix, et de ne pas apporter dans les affaires cette franchise qui les simplifie. Pourtant nos places de commerce ou d'industrie ne présentent nulle part un brocantage comparable à celui qui est devenu en Angleterre l'état normal d'une industrie qui défie toute concurrence étrangère et qui exporte annuellement une valeur de 30 à 40 millions. Les manufacturiers de Sedan allouent, il est vrai, aux marchands des escomptes qui atteignent quelquefois la proportion de 21 pour 100 ; dans les articles de Paris, l'escompte varie depuis 15 jusqu'à 30 pour 100 ; mais c'est là l'extrême limite de l'abus. On peut s'étonner de le voir poussé bien plus loin, dans un pays comme la Grande-

Bretagne, où le commerce a généralement tant de grandeur, où les marchands n'ont qu'un prix, et où les affaires les plus colossales se traitent sans ambages, sans finesses ni temps perdu, par oui ou par non ; mais l'industrie de Birmingham et des villes similaires est une exception à l'ordre général de cette société, et toute anomalie sociale se manifeste par de monstrueuses proportions.

Chez nos voisins, le travail, de même que la liberté, semble ne pouvoir se développer, que sous la tutelle d'une aristocratie fortement constituée. Cette aristocratie est souvent imprévoyante et quelquefois oppressive : elle ne remplit pas toujours le rôle providentiel que ses membres ont accepté ; partout cependant où son autorité ne se fait pas sentir, l'anarchie commence. Bon ou mauvais, il n'y a d'ordre possible dans la Grande-Bretagne que celui qu'elle établit. C'est un pays où il vaut encore mieux être serf qu'affranchi. L'industrie britannique, bien qu'elle soit l'apanage d'un petit nombre de familles, présente le spectacle d'une concurrence intérieure qui excède à coup sûr les besoins, du progrès et du bon marché. Que serait-ce donc si les barrières qui arrêtent la foule à l'entrée de cette carrière ardue allaient s'abaisser ? Si la production, dans l'état actuel, est en avant de la consommation, mise à un régime démocratique, elle encombrerait les entrepôts et réduirait les prix à rien à force de les avilir. Ajoutons que les grands capitalistes dans leurs rivalités ne mettent pour enjeu que leur fortune, tandis que les petits, comme le marchand de Shakspeare, jouent leur chair et leur sang. Il n'y a pas assez de modération dans le caractère anglais pour l'état démocratique. La démocratie ne convient ni aux peuples sensuels qui prennent le plaisir pour but de vie, ni aux nations naturellement avides et dont l'ambition ne connaît pas de repos. C'est pourquoi, dans l'industrie comme dans le gouvernement, la forme aristocratique est nécessaire au peuple anglais. En lui servant de frein, elle lui sert d'appui.

Il y eut un moment où les chefs de l'ordre manufacturier sortirent du plus épais de la foule. Alors les Arkwright, les Strutt, les Ashton, les Peel, les Cobden, se firent jour : des ouvriers, des commis, des fils de fermiers, devinrent la souche de cette nouvelle noblesse qui depuis a serré ses rangs et n'admet plus d'alliage ; mais alors on était dans le temps de révolution. On marchait à la découverte et à la conquête du monde industriel ; chaque travailleur avait en perspective le gouvernement d'une filature, c'était son bâton de maréchal. La conquête une fois accomplie, l'on s'est organisé pour la défense, et l'industrie a eu sa féodalité. Il est presque aussi difficile aujourd'hui à un simple ouvrier de s'élever au-dessus du poste de contre-maître qu'à un soldat de l'armée britannique de parvenir aux grades qui appartiennent aux officiers commissionnés. A Dieu ne plaise que j'approuve cette espèce de échéance qui pèse sur une population tout entière, et que j'exige ici le fait en droit ! Pourtant, lorsqu'on observe sans prévention cet ordre social, il est impossible de ne pas remarquer qu'il s'est assimilé ; les individus au point de convertir l'inégalité en une sorte de droit naturel. L'ouvrier anglais accepte son infériorité en présence de ses chefs, et il a besoin de la sentir. Faites-le sortir des rangs de cette hiérarchie dans laquelle il est enrégimenté, à l'instant il perd de sa valeur comme homme et comme instrument de travail. Tous les manufacturiers du continent qui ont fait venir des ouvriers du Lancastre ou du Stafford n'ont pas tardé à s'en débarrasser, les trouvant d'un mauvais exemple, d'un caractère difficile et incapables de régularité.

Certaines races ont une aptitude pour ainsi dire universelle. Les Slaves sont de vrais Protées, également propres à la paix et à la guerre, sensibles à la poésie, organisés pour la musique, et néanmoins se façonnant promptement aux exigences de l'industrie. Le paysan russe est un charpentier adroit aussi bien qu'un patient laboureur. Et qui ne sait que l'avenir industriel de l'Autriche repose sur ces montagnards de la Bohème, que l'on avait oubliés depuis la guerre de trente ans ? La race anglaise est au contraire, individuellement, ce qu'il y a de moins complet au monde. L'Anglais naît avec une disposition spéciale, et comme une partie d'un tout ; il porte en lui le principe de la division du travail. Placé en son lieu et de manière à suivre sa vocation, il contribuera merveilleusement à l'harmonie de l'ensemble ; jeté hors du cadre qui le contenait, il n'est plus bon à rien. La nature, qui a donné au génie britannique plus d'exactitude et de profondeur que d'étendue, semble avoir voulu que chaque individu dans la nation ne sût et ne fît qu'une seule chose. De là cette nécessité de la grande industrie, qui localise les hommes ainsi que les pièces d'une machine et qui condamne tel d'entre eux à user son intelligence sur une pointe d'épingle ou sur une tête de clou.

Ainsi, le génie même de la nation, indépendamment des circonstances, pousse invinciblement l'industrie anglaise dans les voies de l'aristocratie. Ce qui le prouve, c'est que le travail individuel et isolé est, dans la Grande-Bretagne infiniment moins prospère que le travail de ces associations dont chacune représente une espèce de clan industriel. Sans sortir des districts sur lesquels s'étend l'action de Birmingham, on peut comparer les résultats des deux procédés.

Birmingham est situé, comme on l'a déjà vus, sur la lisière des comtés de Warwick et de Stafford, au centre d'un district industriel qui le cède à peine en importance aux comtés de Lancastre et d'York. Ce district s'étend de Stourbridge à Sheffield, et renferme une population d'un million d'hommes [11], dont l'agriculture n'emploie qu'une faible partie. C'est le monde de l'industrie métallurgique, dont les deux pôles sont figurés par Birmingham et par Sheffield, les deux marchés sur lesquels se versent tous les produits. Dans l'intervalle, le travail de la matière première, l'extraction de la houille et du minerai, la fabrication de la fonte et du fer, n'appartient aux régions aristocratiques ; la démocratie industrielle s'empare ensuite du métal et le façonne pour les usages domestiques ; elle s'applique à la quincaillerie, à la coutellerie, au placage et aux choses d'ornement.

La fabrication du fer est au nombre des industries qui ont fait depuis le commencement du siècle les plus rapides progrès. En 1796, quelques années après la découverte du traitement par le coke, la Grande-Bretagne ne comptait que 121 hauts-fourneaux, produisant 124 mille tonnes de fer brut ; en 1839, il existait dans le royaume-uni 529 hauts-fourneaux, dont 377 en feu, et la production de l'année s'élevait à 1,247, 981 tonneaux [12]. La partie méridionale du comté de Stafford avait d'abord été le siège principal de la métallurgie ; mais une concurrence formidable s'organise dans certains districts plus favorisés. Les forges du pays de Galles, placées sur le canal de Bristol, lui enlèvent insensiblement les débouchés extérieurs, et les forges de l'Écosse ; où l'on traite le minerai par l'air chaud, et qui emploient le minerai beaucoup plus riche (black band), peuvent livrer leurs produits à meilleur marché : au mois de juillet 1843, la fonte brute ne valait, sur les bords de la Clyde, que 40 shil. (50 fr.) le tonneau. A ce compte, Glasgow aurait pu donner pour moins de 120 fr. la tonne des rails qui coûtaient alors 150 fr. à Cardiff.

La crise de 1842 a bien montré de quel côté l'industrie métallurgique suivait un mouvement ascendant, et de quel côté elle tendait à décliner. La production totale de l'année 1842 n'est inférieure, à celle de 1839 que de 37 milliers de tonneaux ; mais la perte ne se répartit pas d'une manière égale entre les usines du royaume-uni. Il y en a qui ont accru leur production en dépit de la stagnation du commerce ; d'autres ont maintenu leur niveau ; d'autres enfin ont dû éteindre leurs feux. Ainsi, les forges méridionales du Staffordshire n'ont produit que 300,000 tonnes, au lieu de 346,000 ; les forges méridionales du pays de Galles ont rendu au contraire 457,000 tonnes, au lieu de 453,000 ; enfin les forges de l'Écosse, qui n'avaient donné que 37,500 tonnes en 1830, et 196,960 en 1839, en ont produit 238,750 en 1840, accroissement qui excède la proportion de 600 pour 100 en douze années.

Dans les époques d'activité commerciale, les ouvriers des forges et les mineurs qui travaillent pour les forges obtiennent des salaires très-élevés ; la moyenne n'est guère moindre de 3 sh. 1/2 à 4 sh. par jour (4 fr. 4o c. à 5 fr.) ; il leur est alloué en outre pour leur usage autant de houille qu'ils en peuvent emporter. On rencontre souvent sur les routes du Stafford la femme et les enfans du mineur qui s'éloignent du puits d'extraction, chargés entre eux de 80 ou 100 kilogrammes de houille qui se dressent en pyramides inégales sur leurs chapeaux. Aux époques de disette, le maître de forges et le propriétaire de mines ne suspendent pas le travail ; ils se bornent à le réduire, et le salaire diminue dans la même proportion. Les chefs de cette industrie se réunissent tous les trois mois pour fixer le prix du fer ; ils s'occupent aussi du sort des ouvriers. En 1843, dans un moment où de nombreuses faillites laissaient plusieurs milliers d'hommes oisifs, et où l'on craignait que ces multitudes affamées ne fissent une descente en masse sur Birmingham, la sollicitude des manufacturiers s'émut ; on ouvrit des souscriptions on distribua des alimens, on employa les hommes valides à tracer de nouvelles routes, et une grande calamité fut détournée.

Un autre district du Stafford, où les ouvriers, sous la tutelle des grands capitalistes, sont encore dans une aisance à faire envie, est celui des poteries, qui comprend 70,000 habitans répartis entre les petites villes de Stoke sur la Trent, de Longton, de Fenton, de Hanley, de Burslem et de Tunstall. Ce lieu, enrichi par les belles découvertes de Wedgwood, est désigné aussi sous le nom générique d'Etrurie. Les commissaires du gouvernement en font une peinture charmante ; ils rendent hommage à la touchante bienveillance que les fabricans témoignent à leurs ouvriers. Les manufacturiers forment une classe puissante qui doit à ses lumières non moins qu'à sa richesse l'influence dont elle jouit. Plus leurs établissemens ont d'importance, plus les procédés de fabrication s'y perfectionnent, et mieux leurs ouvriers sont traités : la condition de ceux-ci s'élève en raison directe de celle des maîtres ; l'art et la société avancent du même pas.

Aucune industrie ne procure des salaires plus considérables ; les manœuvres les moins habiles gagnent encore dans les poteries 30 sh ; (37 fr. 50 c.) par semaine, ou 6 fr. 25 c. par jour pour dix heures et demie de travail. Dans certains cas, les gains réunis d'une famille représentent 3 à 4 liv. st. par semaine, soit au maximum 500 fr. par mois et 6,000 fr. par an. Combien y a-t-il de chefs d'administration en Angleterre et en France qui jouissent d'un revenu égal à celui des potiers de Burslem ? Aussi les maisons habitées par les ouvriers sont-elles propres, riantes, et souvent meublées avec élégance. Dans quelques ateliers, tels que ceux de dorure et de peinture, le travail est accompagné de chants religieux. En un mot, la population respire le contentement et le bonheur. Ce bonheur n'est pas assurément sans mélange ; le bien, qui vient trop facilement, se dissipe de même : les ouvriers des poteries aiment le luxe, la boisson, le jeu, et font peu d'économies. Un d'eux vient-il à tomber malade, il a recours à la maison de charité ou demande des avances au fabricant. Certains détails de la fabrication ont aussi des conséquences funestes à la santé ; mais ces influences pernicieuses se font surtout sentir dans les petits ateliers. Les conditions de salubrité sont meilleures dans les grands ateliers, et l'on y ménage avec plus de scrupule les forces des travailleurs. Les mêmes faits ont été observés à Sheffield, où les ouvriers émouleurs refusent d'employer les procédés, de ventilation qui pourraient leur sauver la vie, et où ces précautions d'humanité ne sont prises que par les manufacturiers qui, occupant un grand nombre d'hommes, sentent plus fortement le poids de leur responsabilité.

Voilà pour l'industrie centralisée ; venons à l'industrie parcellaire. Il ne faudrait pas juger de ses effets naturels par ceux qu'elle obtient à Birmingham. Partout où le travail se distribue entre mille canaux divers, les conséquences fâcheuses d'une concurrence poussée à l'excès peuvent, dans certains cas, s'atténuer. L'ouvrier chassé d'une occupation émigre vers une autre, et, comme les membres d'une même famille s'appliquent généralement à des métiers différens, les crises commerciales, en les frappant, ne leur enlèvent pas toutes leurs ressources. Quand la misère entre d'un côté, l'aisance vient de l'autre, ce qui fait qu'ils se réfugient rarement, avant la vieillesse, dans les maisons de charité.

A Birmingham, les salaires se tiennent dans une espèce de région moyenne. Quelques ouvriers d'une habileté supérieure gagnent, les hommes trente à quarante shillings par semaine, et les femmes dix à quinze shillings ; la commune n'excède guère 1 livre sterling (25 fr.) pour les hommes et pour les femmes 7 sh. (8 francs 75 cent.). Les enfans, à l'exception des petits malheureux employés dans les fabriques d'épingles, ne travaillent pas avant l'âge de dix ans ; mais aussi, dès cet âge, aucune loi n'interdit de les assimiler aux adultes pour la durée du travail. L'atelier ne consumant pas la première fleur de l'enfance, les écoles publiques reçoivent un plus grand nombre de pupilles que celles de Manchester. Les progrès de l'instruction à Birmingham semblent avoir tenu ceux du crime en échec. En 1841, le nombre des arrestations fut de 5556 ou de une sur 32 habitans ; c'est moitié moins qu'à Liverpool.

Mais, encore une fois, si l'on veut voir la démocratie industrielle telle qu'elle est en Angleterre et telle qu'elle peut être, ce n'est pas à Birmingham que l'on doit aller. Il faut l'examiner de préférence dans ces petites villes où le travail se trouve réduit, comme dans les centres aristocratiques, à deux ou trois branches d'occupation, et où le luxe et la civilisation d'une métropole ne concourent pas à en dénaturer les résultats. Il faut l'observer à Wolverhampton et à Willehall. Birmingham, Wolverhampton et Willenhall sont comme les trois degrés de la démocratie industrielle en Angleterre, démocratie qui s'abaisse à mesure que son horizon se restreint. A Birmingham, on l'a vu, elle a des apparences florissantes et se trouve à l'aise au milieu de tant de productions diverses, allant de la quincaillerie aux bronzes, des bronzes aux fabriques d'armes, de celles-ci à la bimbeloterie et aux cristaux. A Wolverhampton, elle descend d'un cran, cette ville n'étant plus en quelque sorte qu'une frraction de Birmingham et appliquant au travail du fer sous toutes les formes ses quarante mille habitans. À Willenhall, la dégradation est complète ; ce petit bourg a pris une spécialité dans la quincaillerie : il est exclusivement peuplé de serruriers.

Dans les trois villes, la population a augmenté en raison inverse du bien-être. De 1831 à 1841, l'accroissement a été de 25 pour cent à Birmingham, de 50 pour cent à Wolverhampton et à Willenhall. La misère de l'Irlande elle-même n'approche pas de cette fécondité. Il y a là un état de choses si extraordinaire et si triste à la lois, que l'on craint de hasarder une impression personnelle ; je me tiendrai donc le plus près que je pourrai du rapport écrit Horne [13], travail remarquable et qui paraîtrait complet ; même quand on n'aurait pas publié, à l'appui des conclusions qu'il renferme, les dépositions recueillies sur les lieux.

Wolverhampton est une ville opulente. On ne trouverait pas à Birmingham un aussi grand nombre de capitalistes possédait de un jusqu'à dix millions. La plupart de ces hommes riches, ne sont pas des manufacturiers faisant part de leur richesse aux ouvriers par l'accroissement des salaires, mais bien de simples commissionnaires achetant au plus bas prix pour revendre au plus cher, et exploitant sans pitié la détresse des petits fabricans. Des riches et des pauvres qu'aucune classe intermédiaire ne joint, deux camps et un fossé entre les deux, voilà l'état social de Wolverhampton. L'on ne s'étonnera pas si, dans une pareille société, les passions politiques agitent faiblement les esprits. Une seule question est comprise et sert de point de ralliement ; je veux parler des céréales. Avant de songer aux droits politiques, n'est-il pas naturel que ces pauvres gens demandent du pain ?

Wolverhampton n'a pas l'aspect d'une cité industrielle. On traverserait vingt fois les rues principales, les seules qui portent un nom, que l'on n'apercevrait pas une manufacture ni un atelier. L'industrie, en Angleterre, a communément bien soin de se mettre en évidence ; elle multiplie les enseignes, les affiches, les placards, et fait littéralement violence à l'attention des passans. Ici, au contraire, l'on croirait qu'elle a honte d'elle-même et veut se dérober aux yeux. Les ateliers sont cachés dans des impasses et dans des cours, comme les logemens des Irlandais à White-Chapel. Les boutiques n'ont pas d'enseignes, ni les maisons de numéros. M Horne compare les fabricans de Wolverhampton à des oiseaux dont les nids sont hors de vue ; mais les oiseaux du moins ne recherchent point la fange et nichent rarement dans les lieux bas. Voici au surplus la description que donne M. Horne des tanières habitées par les maîtres-ouvriers de Wolverhampton :

« Dans les rues les plus obscures et les plus sales, on aperçoit des passages étroits qui s'ouvrent à des intervalles tantôt de huit à dix et tantôt de trois à quatre maisons. Ils n'ont guère plus de 2 pieds 1/2 de largeur sur 6 de hauteur, avec une profondeur de 12 à 24 pieds. Ces passages servent tout ensemble de voie publique et de ruisseau. Après les avoir traversés, vous vous trouvez dans un espace dont l'étendue varie suivant le nombre des maisons ou des huttes qu'il renferme. Cette allée aboutit souvent à un autre passage qui donne accès dans une semblable cour. Les espaces les plus chargés de huttes figurent une sorte de garenne ; il en est même un ou deux qui ressembleraient à une colonie de castors, si l'on y jouissait de la vue des vertes prairies et d'un air plus pur.

« Ces cloîtres ont de l'eau, et c'est là ce qui en diminue l'insalubrité. Ajoutez que les ateliers, les maisons et les huttes sont construits sur une légère élévation dont la pente s'incline vers le passage. Lorsqu'il y a assez d'espace, l'on établit une pompe au milieu de l'allée, non sans danger, si le bras de la pompe s'élève trop, de briser derrière soi les vitres d'une croisée, et d'inonder en face, par le jet de l'eau qui monte, la maison dont la porte serait mal fermée.

« Chaque allée renferme de deux à quatre maisons, dont une sur deux sert d'atelier. On compte ces passages par centaines à Wolverhampton. Dans l'origine, ce n'était évidemment qu'un sentier que le propriétaire d'une petite maison sur la rue se réservait le long de sa propriété pour arriver jusqu'à l'atelier, situé dans une arrière-cour ; mais, le nombre des habitans venant à s'accroître, on construisit des chambres au-dessus des ateliers, et l'on bâtit des huttes partout où l'on put trouver du terrain. Voilà comment la circonférence de la ville put rester la même, pendant que la population augmentait d'année en année.

« Le sol étant la propriété de divers particuliers ou de l'église, autour de Wolverhampton, la ville ne pouvait pas s'étendre. Aussitôt que ce terrain devint disponible, de nouveaux quartiers s'élevèrent mal percés, mal pavés, sans égouts, croupissant dans la fange écumante [14], et où les maisons, habitées par les pauvres, sont déjà des ruines. Souvent ils vivent au rez-de-chaussée, lorsque le premier étage s'est écroulé. »

Selon M. Horne, le mobilier ne vaut pas mieux que les bâtimens. Grace à la position naturellement salubre de la ville et au bas prix de la houille qui permet de combattre l'humidité par des feux constamment allumés, ces tristes demeures n'engendrent pas autant de maladies qu'on pourrait le craindre. Cependant les médecins de Wolverhampton assurent que les fièvres pernicieuses, et notamment le typhus, y sont de plus en plus fréquentes [15]. Ce qui est certain, c'est que, sous l'influence combinée du mauvais air et des privations, les mœurs s'altèrent et le sang s'appauvrit. L'affaiblissement de la race est particulièrement manifeste dans les enfans. Ceux qui semblent robustes à la première inspection n'ont que des chairs sans muscles ; la plupart sont maigres, délicats et quelquefois difformes, les filles surtout. Leur stature est rabougrie à un point qui permet difficilement de croire à l'âge qu'ils se donnent. Les enfans de 14 à 15 ans ont la taille des écoliers de 11 à 12 ans dans le reste de l'Angleterre. La puberté vient tard. Un jeune garçon de 15 ans vous parle avec la voix aiguë d'un enfant. De pauvres filles de 16 à 17 ans, loin de présenter les symptômes extérieurs du développement qui commence à cet âge, ressemblent, lorsqu'il leur arrive d'avoir la taille droite, « à des planches de sapin que l'on aurait sciées en deux. » Leurs longues et mélancoliques figures annoncent qu'elles ont conscience des ravages que fait dans leur organisation le travail quotidien. Leur intelligence, émoussée de bonne heure, ne se développe pas mieux que le corps.

L'éducation de la première enfance est absolument nulle. L'enfant de cinq ans berce l'enfant de deux ans, pendant que l'enfant de sept ans veille sur l'un et sur l'autre, et garde la maison, tout le long du jour, en l'absence des parens. Pour faciliter cette surveillance, les mères administrent à leurs nourrissons, ainsi que cela se pratique à Manchester, des préparations d'opium. Quant aux enfans que l'on abandonne à eux-mêmes en été, ils jouent et dorment dans la boue ; en hiver, au risque des accidens, qui sont fréquens en effet, ils jouent et dorment devant le feu.

« J'ai vu, dit M. Horne, une petite fille de sept ans, à qui l'on avait confié la tutelle d'un autre enfant de cinq ans et la garde de la hutte que la famille habitait, les parens la quittant dès six heures du matin pour ne rentrer qu'à six heures du soir. La hutte était située dans un creux, parmi des tas de cendres, auprès d'une mine de houille et d'une carrière de pierre sur la route de Sedgeley. Cette misérable habitation tombait en ruines : on aurait cru voir un wigwam abandonné, et à coup sûr elle offrait un abri moins commode que ces huttes fabriquées de troncs d'arbre et à moitié renversées que l'on rencontre dans les solitudes du Canada. Cette petite fille recevait souvent la visite des autres enfans du voisinage, qui étaient, comme elle, les tuteurs de la famille et les gardiens de la maison. En me retirant, j'en aperçus une demi-douzaine de l'âge de sept à neuf ans, dont quatre portaient de plus jeunes enfans sur leur dos, montant le sentier tournant qui menait, à travers les cendres et les débris, à la butte située sur le penchant du coteau. »

Ainsi, dès le berceau, les enfans sont abandonnés ; à l'âge de sept ou huit ans, aussitôt que l'esprit s'ouvre et que les membres ont un peu de force, on commence à les exploiter. Les petites fabriques et les ateliers domestiques de Wolverhampton n'étant pas soumis à la loi qui règle le travail des enfans, la journée de ceux-ci dure autant que celle des hommes ; on ne leur épargne pas les travaux pénibles, et, pour les soutenir dans cette lutte inégale, on les nourrit à moitié sur la maigre pitance d'un plat de pommes de terre et de quelques harengs.

« Les plus jeunes, dit M. Horne, en quittant l'atelier, vont droit à la maison afin de souper, si même on leur donne à souper, et de se mettre au lit. Les autres rôdent nonchalamment dans les rues pendant une heure ou deux, avant de rentrer dans leurs tristes taudis : Quelquefois les jeunes gens des deux sexes se donnent rendez-vous pour battre le pavé ensemble ; trop fatigués pour se livrer à quelque jeu, ils finissent par entrer dans les tavernes à bière ou à genièvre. Bien peu de jeunes filles, eu égard au nombre de celles qui fréquentent les ateliers, se laissent séduire, et l'on ne compte pas beaucoup d'enfans naturels. Le torrent de la prostitution se répand, il est vrai, dans les rues à la chute du jour ; mais les prostituées viennent presque toutes de Shrewsbury et du Shropshire. La pauvreté du sang, la maigre chère et l'épuisement qui suit le travail ne laissent aux jeunes filles de Walverhampton ni temps ni forces, ni désir pour le mal. Elles sont protégées par l'excès même de leurs souffrances. »

De peur que l'on n'attribue cette chasteté matérielle à la retenue de sentimens, M. Home nous apprend que le langage des jeunes filles est obscène et sans pudeur. Le commerce entre les sexes, à cet âge, est donc une corruption de l'ame, s'il n'est pas une prostitution du corps. Du reste, point d'affections dans la famille : les frères et les sœurs, séparés de bonne heure, ne se connaissent pas ; les enfans, se voyant traités par leurs parens comme des machines à salaire, ne peuvent ni les respecter ni les aimer. L'éducation à Wolverhampton est en arrière de cent ans. Malgré les efforts que fait le clergé de toutes les communions, on réunit à peine la moitié des enfans dans les écoles du dimanche. Même après avoir fréquenté ces écoles pendant trois ou quatre ans, les enfans ne savent ni lire ni écrire ; il faudrait des méthodes plus sûres que celles que l'on emploie pour éveiller leur attention. Le travail, pesant sur l'esprit aussi bien que sur le corps, étouffe toute autre idée. Un jeune enfant, employé dans une fonderie, à qui l'on demandait s'il savait lire, répondit qu'il pouvait lire de petits mots, pourvu que ces mots ne fussent pas trop lourds. Le pauvre malheureux, raisonnant par analogie, voyait dans chaque lettre, un poids à soulever.

A Birmingham, les apprentis jouissent d'une indépendance telle, qu'ils font la loi aux maîtres-ouvriers ; à Wolverhampton, les apprentis sont des esclaves que les maîtres logent, nourrissent, vêtissent, et traitent comme il leur plaît. Si l'enfant commet une faute, on le prive de nourriture, ou bien on le force à travailler plus qu'il ne doit. S'agit-il de le récompenser, on lui permet de se livrer à un travail extraordinaire ; mais alors, en retour de cette bienveillance, le maître prélève en forme de tribut, un tiers du produit. Pour retenir plus sûrement l'apprenti dans la dépendance du maître, on ne lui enseigne qu'une seule branche de fabrication Après sept ans de servage auprès d'un serrurier, il est hors d'état de faire une clé ou une serrure, ayant passé tout ce temps à limer où à forger. L'ouvrage vient-il à manquer, le malheureux, bat le pavé ou s'enivre, incapable qu'il est de s'appliquer à un autre genre de travail.

Cette oppression est tellement dure et tellement constante, qu'elle ne laisse pas même à ses victimes la force de se plaindre. M. Horne déclare que des enfans qui travaillaient douze à quatorze heures par jour pour 1 1/2 shilling ou 2 shilling dont pas un penny n'entrait dans leur poche, mal nourris, vêtus de haillons, qui reconnaissaient qu'on ne leur donnait pas suffisamment à manger, souvent malades, battus au point de s'en ressentir un jour ou deux, ont répondu néanmoins qu'ils aimaient leur ouvrage, qu'on les traitait bien, et qu'ils étaient punis quand ils le méritaient. Une question telle que celle-ci : « Vous sentez-vous fatigué ? » ne leur avait jamais été faite, et ils ne la comprenaient pas. Au reste, si les apprentis viennent à porter plainte, le magistrat donne toujours raison au maître-ouvrier [16]. Dans cette communauté industrielle, il n'y a pas un abus dont tout, le monde ne soit complice ; la justice elle-même craint de troubler un ordre de choses qui semble marquer du sceau de la nécessité. Et quelle société que celle dans laquelle les enfans n'ont pas la vivacité de leur âge, où les jeunes garçons sont mornes et apathiques, où les jeunes filles n'ont jamais ni chanté ni dansé, n'ont jamais vu une fleur, et ne connaissent la verdure, selon ; l'expression de M. Horne, que pour avoir été piquées par une ortie ! Dans la cosmogonie du christianisme comme dans celle de l'antiquité, les tortures ne frappent que les adultes ; il était réservé à notre siècle d'inventer un enfer pour les jeunes enfans.

Ce que devient cette génération élevée dans la servitude, on le verra dans la peinture que trace M. Horne de l'état social à Wolverhampton :

« Le nombre des ouvriers sobres et réguliers dans leur industrie est très limité. Les femmes n'ont pas d'économie, ni les hommes de retenue. Les femmes s'enivrent rarement, mais elles lâchent la bride au penchant de leurs maris pour les dépenses extravagantes. Tant qu'il y a de l'argent dans la maison, la famille mange et boit à discrétion, restant dans ses haillons et ne songeant pas à remplacer son mobilier délabré. La majorité des ouvriers ne travaille pas le lundi ; la moitié d'entre eux travaille peu le mardi. Le mercredi est le jour du marché, et cela sert d'excuse à plusieurs pour ne faire qu'une demi-journée. Enfin, leur présence au marché a souvent des conséquences qui les rendent incapables de travailler le jeudi pendant la matinée. Aussi voit-on briller la lampe ce jour-là, dans les ateliers des petits fabricans, jusqu'à dix ou onze heures du soir Le vendredi, la ville est silencieuse, on ne rencontre personne dans les rues principales ni dans les carrefours :: on dirait que les manufacturiers l'ont abandonnée ; mais les ateliers sont éclairés bien avant dans la nuit et souvent jusqu'au lendemain. Le samedi matin, les rues présentent la même solitude. Chacun travaille pour vivre. Les petits fabricans font travailler leurs femmes, leurs enfans et leurs apprentis presque jusqu'à les tuer [17]. Les coups de poing, les soufflets, les malédictions, sont administrés libéralement aux enfans à ce moment critique de la semaine Le fabricant lui-même ne s'épargne point, et ne quitte pas l'ouvrage même pour prendre ses repas. Quand il n'y passe pas la nuit, il s'y met dès quatre ou cinq heures du matin, jusqu'à ce que, par des efforts qui vont presque à une férocité de travail, et en déployant la plus grande habileté il parvienne à terminer en trois jours la tâche de la semaine.

« Le samedi, vers deux heures après midi, ceux qui ont travaillé quelque peu le mardi commencent à se montrer dans les rues. A quatre ou cinq heures, la foule s'y répand. Les femmes et les jeunes filles les plus âgées vont au marché ; leurs maris et les autres adultes entrent dans les tavernes. Vers sept ou huit heures, le marché est rempli, les rues sont vivantes, il n'y a plus de place dans les cabarets ; personne ne pense à faire l'économie d'un shilling. Il n'y a point de mendians dans la ville. Tout adulte travaille, quand il veut travailler. Lorsqu'un mendiant étranger se présente, les ouvriers le considèrent avec curiosité, cherchant évidemment à deviner sur sa figure comment il s'arrange pour ne pas travailler durant sept jours, lorsqu'eux-mêmes ne peuvent pas prolonger au-delà de trois jours une oisiveté qui leur coûte encore assez cher. Il n'est pas rare de voir le mercredi et même le jeudi des groupes d'adultes, entre vingt et trente ans, errant dans la ville, le regard vide, l'air hébété, souvent la tête penchée vers la terre ; évidemment il ne leur reste plus un liard à dépenser, mais, n'ayant pas faim pour le moment, ils ne sentent pas encore la nécessité de travailler. »

Quelquefois les ouvriers qui se sont oubliés trop long-temps au début de la semaine prolongent le travail pendant la nuit du samedi jusqu'au dimanche matin. Ceux-là voudraient bien faire leur samedi le dimanche, et regagner ainsi le temps perdu pour leurs plaisirs ; mais la sévérité des mœurs anglaises ne leur permet pas de s'enivrer le jour du Seigneur. Ils errent donc, sales et refrognés, lançant des regards qu'ils voudraient rendre insultans à toute personne qui passe proprement vêtue. Néanmoins ils sont trop fatigués et trop honteux d'eux-mêmes pour aller jusqu'à la provocation. Cette paresse napolitaine ne s'explique pas, comme sous le ciel du midi, par l'emportement des sens ni par le goût des plaisirs. Les ouvriers de Wolverhampton, à moins de s'enivrer de bière, ne savent que faire de leur oisiveté. À défaut de voluptés plus excitantes, ils ne jouissent, même dans le repos, ni de la nature, ni du soleil. Pour compléter ce tableau qui tranche, bien que dans une égale dégradation, sur celui que présente la population des grandes manufactures, je traduirai encore la peinture que fait M. Horne du dimanche à Wolverhampton [18].

« Je me suis promené dans la ville et dans les faubourgs à l'heure du service divin. J'ai rencontré des hommes seuls ou marchant par groupes, vêtus de leurs blouses de travail ou portant des chemises sales retroussées jusqu'au dessus du coude et la figure noircie par la fumée des forges ; quelques-uns paraissaient avoir veillé toute la nuit, soit à boire, soit à terminer leur travail. On apercevait les enfans au fond des cours et des allées, assis ou s'amusant sur les tas de cendre, bruns et bruyans comme une volée de moineaux ; d'autres jouaient aux billes, entourés d'adultes qui fumaient nonchalamment sans faire attention au jeu. Plus loin, de jeunes garçons se battaient en blasphémant, et le sang ruisselait de leurs nez. Les femmes étaient assises sur leurs portes les bras croisés. Des jeunes filles de 12 à 15 ans, plus proprement vêtues que les autres, sautaient avec des cris de plaisir sur des tas de fumier. Très peu d'enfans étaient lavés et habillés. Les seules maisons dont on eût nettoyé et sablé le parquet étaient celles où l'on vendait des oranges ou des gâteaux. Aucun ouvrier ne se promenait avec sa femme, ni aucun frère avec sa sœur. Partout une malpropreté hideuse, le désordre, l'indifférence, et avec cela point de gaieté, point de rires, point de sourires. On ne sentait que vide ou ennui ; on ne remarquait pas d'autres symptôme de joie et de vivacité que les cris poussés par les jeunes filles les tas de fumier. »

L'état de Woherhampton, si déplorable qu'il soit, n'approche pas de celui de Sedgeley ou de Willenhall. Dans une grande ville, le mélange des rangs, le contact des étrangers et la circonférence des intérêts tendent à relever les hommes de leur abaissement ; mais dans ces petits bourgs industriels que peuple exclusivement une classe de travailleurs, quand les traditions patriarcales se sont effacées, les familles ne tiennent plus à la civilisation que par leurs besoins.

On connaît la spécialité de Willenhall ; celle de Sedgeley est la fabrication des clous et des chaînes en fer. Le travail s'y fait en famille, et les jeunes filles en sont principalement chargées ; c'est la ville des femmes-forgerons (female blacksmths). Celles-ci, à demi vêtues, combattent le feu (flght fire) quatorze à seize heures par jour Dès l'âge de dix ans, leur tâche quotidienne est de mille clous. Associées à des hommes ignorans et dépravés, elles en contractent bientôt les habitudes, boivent, fument, jouent, et dépouillent toute pudeur. Heureusement, ces filles dévergondées se marient de bonne heure. Il n'est pas rare de voir un jeune couple entouré d'enfans avant que le père et la mère aient atteint l'âge viril. Le nombre moyen des enfans est de six à douze par famille. A l'âge de trente ou quarante ans, le père renonce au travail et vit oisif aux dépens de sa femme, de ses fils et de ses filles, qui travaillent tous pour lui [19]. Ce procédé ne ressemble-t-il pas à celui de certains propriétaires des Antilles, qui ont des enfans de leurs négresses pour accroître le nombre des esclaves sur la plantation ?

A Willenhall, la méthode d'exploitation n'est plus la même. Les maîtres-ouvriers, au lieu de se servir de leurs propres enfans, vont chercher des apprentis dans les maisons de charité de Walsall, de Coventry et de Tamworth. Sur les 9,000 habitans de Willenhall, on compte près de 1,000 apprentis. Les petits fabricans n'emploient jamais d'ouvriers adultes. Il a pour eux double avantage à remplacer le travail des hommes faits par celui des enfans : d'abord à l'apprenti ne reçoit pas de salaire et il vit comme il peut n'ayant pas le droit de se montrer exigeant ; ensuite il apporte avec lui une espèce de dot à son maître, une prime en argent qui va de 2 à 5 livres, sterling, plus un trousseau complet que le fabricant met en gage quand le commerce va mal, et qu'il n'obtient plus la bière à crédit.

Autrefois, les gardiens des paroisses n'examinaient pas de bien près à qui les enfans étaient remis ; quiconque les débarrassait du fardeau était le bienvenu. M. Horne a vu à Walsall un fabricant à qui l'on avait confié trois apprentis ; bien que cet homme eût été, un an auparavant, condamné pour vol et enfermé dans la prison du comté. A Willenhall, un maître-ouvrier qui n'est pas établi, et qui loue une place dans un atelier, entretient souvent deux apprentis, l'un pour travailler à ses côtés, l'autre pour faire ses commissions, pour ramasser du fumier, pour mener paître son âne ou pour bercer ses enfans. Quand un fabricant a plus d'apprentis qu'il n'en peut nourrir, il en donne un ou deux à loyer ; un de ces malheureux a même été vendu pour 10 shill.

On ne saurait rien imaginer de plus affreux que l'existence des apprentis de Willenhall à tout âge, il faut qu'ils travaillent aussi long-temps que leurs maîtres, vrais cyclopes qui font quelquefois des journées de vingt heures, mangeant debout et ne s'arrêtant jamais. La nuit, ils couchent sur un peu de paille ou sur le plancher. Ils n'ont que le même vêtement pour l'hiver et pour l'été. On les nourrit à peine, et, quand on veut les punir, on les affame tout-à-fait [20]. Il y a quelques années, on n'y mettait pas tant de raffinement. Un maître transperça son apprenti d'une barre de fer rouge et le cloua au mur ; un autre fabricant fut pendu, pour avoir exercé sur un enfant des tortures qui passent toute croyance ; plus récemment, un troisième riva au cou de son apprenti un collier de fer, et un quatrième attacha à la jambe du sien une grosse poutre pour empêcher ; qu'il ne s'échappât. Aujourd'hui les châtimens sont moins étranges, mais tout aussi cruels. On frappe les apprentis d'un fouet à lanières, d'une corde à nœuds, d'un bâton, sans préjudice des instrumens que l'on peut avoirs sous la main. Le maître couvre leur corps de plaies et de contusions ; la maîtresse leur arrache les cheveux et les oreilles. Plus ils demandent merci, et moins on leur montre de pitié. Pourquoi les épargnerait-on ? Pourvu que l'enfant ne meure pas, la justice s'en lave les mains. Le parlement a eu ces, faits sous les yeux, et il n'a pas cherché à y porter remède. Cependant, lorsque les hommes sont poussés par la pauvreté, et qu'ils ne sont pas retenus par l'éducation, qui est le frein individuel, peut-on se dispenser de faire intervenir la loi, qui est le frein social ?

On voit près de Manchester des villes, comme Staleybridge et Dukinfied, dont la population se compose presque entièrement d'ouvriers ; mais là, du moins, il existe un ordre social quelconque : ces petites communautés ont des chefs, une religion, une sorte d'esprit public. Ces élémens de toute société, qui se retrouvent dans les hordes les plus sauvages, manquent absolument à Willenhall. A peine séparé de Wolverhampton par une distance d'une lieue et demie ; Willenhall est à mille lieues du monde civilisé. Cette ville étrange se compose uniquement d'ateliers et de cabarets. Il n'y a point de magistrats ni de police, et, s'il y a un temple, les habitans laissent les prêtres qui le desservent prêcher dans le désert. Point de marchands, point de grands propriétaires, rien que des ouvriers qui vivent au jour le jour : quand le fabricant a exécuté une grosse de serrures, il va les vendre aux facteurs de Wolverhampton. Quelques bouchers sont établis dans la ville, mais ils y profitent peu [21]. L'ouvrier de Wolverhampton mange et boit son salaire ; l'ouvrier de Willenhall dédaigne les bons morceaux et se nourrit d'alimens grossiers ; son unique débauche est la boisson. Quand il a tout dépensé et qu'il ne peut plus boire à crédit, il va s'asseoir encore dans le cabaret, les coudes sur la table, et regardant sans mot dire, pendant plusieurs heures, le feu qui pétille ou le sable qui couvre le parquet.

Les gens de Willenhall sont encore plus naturellement indolens, et dans l'occasion plus infatigables que ceux de Wolverhampton. Ils travaillent sous l'aiguillon du besoin, tant que leurs jambes peuvent les soutenir. Leur adresse est incomparable ; ils visent à la qualité aussi bien qu'à la quantité, et toute concurrence recule devant la leur. Comment lutter contre des ouvriers qui exécutent, pour 1 sh. 6 d. par douzaine, des serrures dont chacune se vend à Londres 1 sh. ? Ce qu'ils endurent de privations, eux et leur famille, passe toute croyance ; ils vivent de pommes de terre et de mauvais lard, couchent sur un tas de paille, sont vêtus de haillons, et les échoppes où ils forgent leur marchandise n'ont ni portes ni fenêtres, même au cœur de l'hiver. L'Angleterre n'a pas de population qui donne plus de besogne aux chirurgiens. Rien n'est plus commun à Willenhall qu'une fracture ou qu'un membre démis. Parmi les adultes, un sur trois contracte des hernies ; les enfans en sont fréquemment affligés dès leur naissance. Enfin le corps se déforme à force de garder la même position ; la moitié des adultes ont la taille tournée ou le dos voûté. Même à Wolverhampton, l'on distingue dans la foule un fabricant de Willenhall. La peinture que l'antiquité nous a laissée du doyen des forgerons a cessé d'être une fable ; tout serrurier de Willenhall est un Vulcain. Voici les accessoires du portrait :

« Leur visage, dit M. Horne, est hagard, leur personne sale, leurs membres grêles et rachitiques. On croirait que leur peau a été séchée à la fumée et racornie. Les jointures sont saillantes et comme nouées, la main droite a une raideur particulière, il semble qu'on l'ait tordue. Le genou gauche se projette en avant comme un nœud dans un arbre ; le genou droit rentre en dedans, et la cheville du pied a une égale inclinaison. La lèvre inférieure est pendante, ce qui indique le découragement et l'absence de la pensée ; l'œil, quand il n'est pas illuminé par l'ivresse, est terne, abattu et sans regard. Les jeunes gens ont souvent la face bouffie et comme soufflée par les liqueurs spiritueuses ; dans l'âge mûr ou dans la vieillesse, les traits sont généralement durs, secs, anguleux, inflexibles, comme si, dans l'incessante contemplation des ressorts intérieurs de la serrure, la physionomie avait pris l'empreinte de ce travail. »

Dans l'espèce humaine comme parmi les animaux, les races s'améliorent par le croisement. A Willenhall, les vices de conformation finissent par devenir héréditaires ; les habitans ne se marient qu'entre eux. M. Horne affirme que, si un jeune homme étranger à la ville avait l'audace de rechercher, une fille de Willenhall, les hommes se lèveraient en masse, le poursuivraient et le tueraient sans merci. Quels sont donc les trésors que ces pauvres gens gardent avec une jalousie qui touche à la férocité ? Ce sont des compagnes comme il les leur faut dans leur misère et dans leur isolement. La femme de Willenhall supporte les privations avec un courage qui ne connaît pas la plainte et qui ne se dément jamais. Sobre et chaste, avec une éducation meilleure, elle relèverait certainement le ménage de sa dégradation. Dans cette hutte délabrée et nue que la famille habite, elle fait régner l'ordre et la propreté. Ecoutons encore ici M. Horne.

« J'entrai sans être attendu. Il n'y avait pas dans la salle basse d'autre mobilier qu'une planche brisée qui servait de table, et une pièce de bois supportée par des piquets qui servait de siége. La femme était affamée, elle pleurait de faim ; ses vêtemens étaient en lambeaux, et pourtant elle tenait le parquet parfaitement propre. Je gravis l'escalier, et je vis, dans une chambre qui avait sept pieds de longueur et six de hauteur sur un seul côté, la pente du toit réduisant l'autre à rien, un lit sur lequel couchaient le mari, la femme et trois enfans. Il n'y avait d'autre mobilier qu'un vieux bois de lit, et sur la paille du lit un vieux sac qui tenait lieu de couverture. Eh bien ! la couverture, le parquet des deux pièces, l'escalier, tout était propre. Cette propreté allait jusqu'à la blancheur ; on aurait cru voir les tables, d'une laiterie dans quelque grande ferme plutôt que le misérable mobilier d'un taudis habité par un pauvre serrurier de Willenhall. »

Les ménagères de Willenhall ont d'autant plus de mérite à tenir leur intérieur décent, que la fange les environne et tend incessamment à les envahir. Tout habitant a sous les fenêtres de sa maison ou de son atelier un tas de poussière et de fumier qui est le réceptacle des immondices, et qu'il rapproche autant qu'il peut afin de mieux établir son droit de propriété,' et tout prêt à s'écrier en face d'un voisin trop cupide :

« Je suis sur mon fumier comme toi sur le tien. »

En effet, toutes les querelles, tous les procès des habitans entre eux ont pour origine quelque usurpation de ce genre : c'est leur champ à eux qu'ils se disputent avec le même acharnement que des princes un royaume. Il n'y a pas de procès qui sente bon ; mais le tien et le mien perd encore à être vu d'aussi bas. Si nous pénétrons sans éprouver la moindre répulsion dans l'antre de la chicane, qui peut voir sans dégoût des chiffonniers se battre dans le ruisseau pour la possession d'un clou rouillé ?

Outre ces réserves de chaque propriétaire, la paroisse possédait encore en 1841 deux montagnes d'immondices qui s'élevaient triomphalement au centre de Willenhall, et qui auraient suffi, selon M. Horne, pour empester la Grande-Bretagne tout entière. En attendant, elles engendraient le typhus, qui a sévi à Willenhall sans interruption pendant sept ans. L'administration locale les a fait disparaître en partie, non point afin d'assainir la ville, mais par amour-propre et de crainte de se voir signalée à l'attention du parlement.

Un pareil site n'a certes rien d'enchanteur, et ce serait bien le cas de s'écrier avec le soldat de la caricature embourbé dans un marais : « On appelle cela une patrie » Cependant les maîtres-ouvriers de Willenhall ont pour leur ville natale un aveugle et invincible attachement. En dépit de la misère qui les y attend, on ne peut pas les déterminer à la quitter. Des serruriers de Willenhall qui avaient été appelés en Belgique, où ils recevaient de forts salaires, revinrent presque aussitôt, cédant au mal du pays. Nés dans une société exceptionnelle, il faut croire qu'ils ne se trouvent pas à l'aise dans un ordre social mieux réglé. N'a-t-on pas vu aussi des esclaves qui, effrayés d'avoir désormais à pourvoir à leur subsistance, refusaient la liberté comme un fardeau ?

Si j'ai bien rendu les traits généraux de la démocratie industrielle à Birmingham et dans le comté de Stattford, cette organisation a peu d'avantages, qui lui soient propres. C'est le travail en famille, moins la sainteté des mœurs domestiques ; il lui faudrait des circonstances exceptionnelles pour lutter contre les manufactures armées de la puissance des machines et de celle des capitaux. Dans un pays comme la France, l'industrie parcellaire et domestique est, pour ainsi dire, un produit naturel ; sans parler des ateliers parisiens, quoi de plus florissant que les petites villes de Thiers, de Saint-Claude et de Gérardmer ? Mais, en Angleterre, les institutions et les mœurs lui sont également contraires ; elle n'y peut plus exister qu'à l'état d'anomalie, et de curiosité.

Et maintenant, la possibilité, qui n'existe déjà plus ; pour l'ordre industriel, va-t-elle naître pour l'ordre politique ? L'Angleterre, ébranlée un moment par le contre-coup des journées de juillet, penche-t-elle, autant qu'on l'a cru, vers la démocratie ? Les émeutes de Birmingham et de Newport ont-elles sonné l'heure de l'affranchissement ? Ces millions d'ouvriers qui protestent contre les institutions et qui réclament le suffrage universel, tantôt par des pétitions, tantôt à force ouverte, ont-ils quelque chance de prévaloir contre l'influence du petit nombre d'hommes qui gouvernent le pays ? L'Angleterre est-elle, comme la France en 1789, à la veille d'une révolution ? Malgré des symptômes bien menaçans, je demande la permission de ne pas le croire. J'en dirai ailleurs les raisons.

LÉON FAUCHER.

NOTES

[1]Children's employment commssion's report.

[2]Sanitary condition of labouring classes.

[3]S'il faut en croire les huit médecins qui ont signé le rapport inséré dans l'ouvrage de M. Chadwick (Sanitary condition, etc.), la voie publique servirait littéralement de voirie. Je me borne à reproduire ici le texte anglais, dont notre langue n'admettrait pas la crudité. « It is a common custom throughouh the town to empty the contacts of the ash-pits and privies in the night into the streets, from which they are carted away early on the following morning. But some filth always remains after this proceeding and

continues, until it has entirely evaporated, to be an annoyance to the neighbourhood. Deposits are made on the side of the canals, until they are removed in boats into the country. ».

4]A Birmingham, en 1832, l'on n'a compté que vingt-quatre cas de choléra, pendant qu'a dix milles [de là, le choléra dépeuplait la petite ville de Bilston.

[5]Children's employment commission.

[6]« They live their lives, as fighting cocks. » (Id.)

[7]« Out of 613 men enlisted, almost all of whom come from Birmingham and five other neighbouring towns, only 238 were approved for service. » (Children's commission)

[8]Children's employment commission.

[9]Sanitary condition of labouring classes.

[10]« Power to let."

[11]Comté de Warwich, 401,715 habitans ; comté de Stafford, 510,504 ; Sheffield, 111,000.

[12]En 1840, la production atteignit le chiffre exceptionnel de 1,400,000 tonneaux.

[13]Children's employment commission.

[14]Stagnant pools, colour of dead porter, wich a glistering metallic film over them.

[15]Sanitary condition.

[16]« Allways redress for the master, not against him. » (Chidren's commission)

[17]« They are almost worked to death. »

[18]14 mars 1841.

[19]M. Horne mentionne mentionne plus particulièrement ce fait en parlant des ouvriers de Stourbridge.

[20]« Very common mode of punishing apprentices ; is that of clamming which means half starving. »

[21]« Not above a dozen butchers in the town, while 60 retail brewers and public houses. »